基金项目：新疆维吾尔自治区高校文科基地"新疆少数民族现代化研究中心"

2015 年招标项目"青铜之歌——一个影响中原早期文明起源的世界体系"

（项目编号 :XJEDU040115A）

华夏文明之源

玉 帛 之 路

QINGTONG CHANGGE

青铜长歌

刘学堂 / 著

甘肃人民出版社

图书在版编目（ＣＩＰ）数据

青铜长歌 / 刘学堂著. -- 兰州 ：甘肃人民出版社，
2015.9
（华夏文明之源·历史文化丛书）
ISBN 978-7-226-04839-9

Ⅰ．①青… Ⅱ．①刘… Ⅲ．①青铜时代文化－介绍－
甘肃省 Ⅳ．①K871.3

中国版本图书馆CIP数据核字（2015）第236416号

出 版 人：吉西平
责任编辑：肖林霞
美术编辑：马吉庆

青铜长歌

刘学堂 著

甘肃人民出版社出版发行
（730030 兰州市读者大道 568 号）
甘肃新华印刷厂印刷

开本787毫米×1092毫米 1/16 印张12.25 插页2 字数158千
2015年10月第1版 2015年10月第1次印刷
印数：1~3 000
ISBN 978-7-226-04839-9 定价：35.00元

华夏文明之源

《华夏文明之源·历史文化丛书》

编　委　会

总　序

　　华夏文明是世界上最古老的文明之一。甘肃作为华夏文明和中华民族的重要发祥地，不仅是中华民族重要的文化资源宝库，而且参与谱写了华夏文明辉煌灿烂的篇章，为华夏文明的形成和发展做出了重要贡献。甘肃长廊作为古代西北丝绸之路的枢纽地，历史上一直是农耕文明与草原文明交汇的锋面和前沿地带，是民族大迁徙、大融合的历史舞台，不仅如此，这里还是世界古代四大文明的交汇、融合之地。正如季羡林先生所言："世界上历史悠久、地域广阔、自成体系、影响深远的文化体系只有四个：中国、印度、希腊、伊斯兰，再没有第五个；而这四个文化体系汇流的地方只有一个，就是中国的敦煌和新疆地区，再没有第二个。"因此，甘肃不仅是中外文化交流的重要通道、华夏的"民族走廊"（费孝通）和中华民族重要的文化资源宝库，而且是我国重要的生态安全屏障、国防安全的重要战略通道。

　　自古就有"羲里"、"娲乡"之称的甘肃，是相传中的人文始祖伏羲、女娲的诞生地。距今 8000 年的大地湾文化，拥有 6 项中国考古之最：中国最早的旱作农业标本、中国最早的彩陶、中国文字最早的雏形、中国最早的宫殿式建筑、中国最早的"混凝土"地面、中国最早的绘画，被称为"黄土高原上的文化奇迹"。兴盛于距今 4000—5000 年之间的马家窑彩陶文化，以其出土数量最多、造型最为独特、色彩绚丽、纹饰精美，代表了中国彩陶艺术的最高成就，达到了世界彩陶艺术的巅峰。马家窑文化林家遗址出土的青铜刀，被誉为"中华第一刀"，将我国使用青铜器的时间提早到距今 5000 年。从马家窑文化到齐家文化，甘肃成为中国最早从事冶金生产的重要地区之一。不仅如此，大地湾文化遗址和马家窑文化遗址的考古还证明了甘肃是中国旱作农业的重要起源地，是中亚、西亚农业文明的交流和扩散区。"西北多民族共同融合和发展的历史可以追溯到甘肃的史前时期"，甘肃齐家文化、辛店文化、寺洼文化、四坝文化、沙井文化等，是"氐族、西戎等西部族群的文化遗存，农耕文化和游牧文化在此交融互动，形成了多族群文化汇聚融合的格局，为华夏文明不断注入新鲜血液"（田澍、雍际春）。周、秦王朝的先祖在甘肃创业兴邦，最终得以问鼎中原。周先祖以农耕发迹于庆阳，创制了以农耕文化和礼乐文化为特征的周文化；秦人崛起于陇南山地，将中原农耕文化与西戎、北狄等族群文化交融，形成了农牧并举、华戎交汇为特征的早期秦文化。对此，历史学家李学勤认为，前者"奠定了中华民族的礼仪与道德传统"，后者"铸就了中国两千多年的封建政治、经济和文化格局"，两者都为华夏文明的发展产生了决定性的影响。

自汉代张骞通西域以来，横贯甘肃的"丝绸之路"成为中原联系西域和欧、亚、非的重要通道，在很长一个时期承担着华夏文明与域外文明交汇、融合的历史使命。东晋十六国时期，地处甘肃中西部的河西走廊地区曾先后有五个独立的地方政权交相更替，凉州（今武威）成为汉文化的三个中心之一，"这一时期形成的五凉文化不仅对甘肃文化产生过深刻影响，而且对南北朝文化的兴盛有着不可磨灭的功绩"（张兵），并成为隋唐制度文化的源头之一。甘肃的历史地位还充分体现在它对华夏文明存续的历史贡献上，历史学家陈寅恪在《隋唐制度渊源略论稿》中慨叹道："西晋永嘉之乱，中原魏晋以降之文化转移保存于凉州一隅，至北魏取凉州，而河西文化遂输入于魏，其后北魏孝文宣武两代所制定之典章制度遂深受其影响，故此（北）魏、（北）齐之源其中亦有河西之一支派，斯则前人所未深措意，而今日不可不详论者也。""秦凉诸州西北一隅之地，其文化上续汉、魏、西晋之学风，下开（北）魏、（北）齐、隋、唐之制度，承前启后，继绝扶衰，五百年间延绵一脉"，"实吾国文化史之一大业"。魏晋南北朝民族大融合时期,中原魏晋以降的文化转移保存于江东和河西（此处的河西指河西走廊，重点在河西，覆盖甘肃全省——引者注），后来的河西文化为北魏、北齐所接纳、吸收，遂成为隋唐文化的重要来源。因此，在华夏文明曾出现断裂的危机之时，河西文化上承秦汉下启隋唐，使华夏文明得以延续，实为中华文化传承的重要链条。隋唐时期，武威、张掖、敦煌成为经济文化高度繁荣的国际化都市，中西方文明交汇达到顶峰。自宋代以降，海上丝绸之路兴起，全国经济重心遂向东、向南转移，西北丝绸之路逐渐走过了它的繁盛期。

"丝绸之路三千里，华夏文明八千年。"这是甘肃历史悠久、文化厚重的生动写照，也是对甘肃历史文化地位和特色的最好诠释。作为华夏文明的重要发祥地，这里的历史文化累积深厚，和政古动物化石群和永靖恐龙足印群堪称世界瑰宝，还有距今 8000 年的大地湾文化、世界艺术宝库——敦煌莫高窟、被誉为"东方雕塑馆"的天水麦积山石窟、藏传佛教格鲁派六大宗主寺之一的拉卜楞寺、"天下第一雄关"嘉峪关、"道教名山"崆峒山以及西藏归属中央政府直接管理历史见证的武威白塔寺、中国旅游标志——武威出土的铜奔马、中国邮政标志——嘉峪关出土的"驿使"等等。这里的民族民俗文化绚烂多彩,红色文化星罗棋布,是国家12个重点红色旅游省区之一。现代文化闪耀夺目,《读者》杂志被誉为"中国人的心灵读本",舞剧《丝路花雨》《大梦敦煌》成为中华民族舞剧的"双子星座"。中华民族的母亲河——黄河在甘肃境内蜿蜒900多公里,孕育了以农耕和民俗文化为核心的黄河文化。甘肃的历史遗产、经典文化、民族民俗文化、旅游观光文化等四类文化资源丰度排名全国第五位,堪称中华民族文化瑰宝。总之,在甘肃这片古老神奇的土地上,孕育形成的始祖文化、黄河文化、丝绸之路文化、敦煌文化、民族文化和红色文化等,以其文化上的混融性、多元性、包容性、渗透性,承载着华夏文明的博大精髓,融汇着古今中外多种文化元素的丰富内涵,成为中华民族宝贵的文化传承和精神财富。

甘肃历史的辉煌和文化积淀之深厚是毋庸置疑的,但同时也要看到,甘肃仍然是一个地处内陆的西部欠发达省份。如何肩负丝绸之路经济带建设的国家战略、担当好向西开放前沿的国家使命?如何充分利用国家批复的甘肃省建设华夏文明传承创新区这一文化发展战略平台,推动甘肃文化的大发展大繁荣和经济社会的转型发展,成为甘肃面临的新的挑战和机遇。目前,甘肃已经将建设丝绸之路经济带"黄金段"与建设华夏文明传承创新区统筹布局,作为探索经济欠发达但文化资源富集地区的发展新路。如何通过华夏文明传承创新区的建设使华夏的优秀文化传统在现代语境中得以激活,成为融入现代化进程的"活的文化",甘肃省委书记王三运指出,华夏文明的传承保护与创新,实际上是我国在走向现代化过程中如何对待传统文化的问题。华夏文明传承创新区的建设能够缓冲迅猛的社会转型对于传统文化的冲击，使传统文化在保护区内完成传承、发展和对现代化的适应，最终让传统文化成为中国现代化进程中的"活的文化"。因此，华夏文明传承创新区的建设原则应该是文化与生活、传统与现代的深度融合，是传承与创新、保护与利用的有机统一。要激发各族群众的文化主体性和文化创造热情，抓住激活文化精神内涵这个关键，真正把传承与创新、保护与发展体现在整个华夏文明的挖掘、整理、传承、展示和发展的全过程，实现文化、生态、经济、社会、政治等统筹兼顾、协调发展。华夏文化是由我国各族人民创造的"一体多元"的文化，形式是多样的，文化发展的谱系是多样的，文化的表现形式也是多样的，因此，要在理论上深入研究华夏文化与现代文化、与各民族文化之间的关系以及华夏文化现代化的自身逻辑，让各族文化在符合自身逻辑的基础上实现现代化。要高度重视生态环境保护和文化生态保护的问题，在华夏文明传承创新区中设立文化生态保护区，实现文化传承保护的生态化，避免文化发展的"异化"和过度开发。坚决反对文化保护上的两种极端倾向：为了保护而保护的"文化保护主义"和一味追求经济利益、忽视文化价值实现的"文化经济主义"。在文化的传承创新中要清醒地认识到，华夏传统文化具有不同层次、形式各样的价值，建立华夏文明传承创新区不是在中华民族现代化的洪流中开辟一个"文化孤岛"，而是通过传承创新的方式争取文化发展的有利条件，使华夏文化能够在自身特性的基础上，按照自身的文化发展逻辑实现现代化。要以社会主义核心价值体系来总摄、整合和发展华夏文化的内涵及其价值观念，使华夏的优秀文化传统在现代语境中得到激活，尤其是文化精神内涵得到激活。这是对华夏文明传承创新的理性、科学的文化认知与文化发展观，这是历史意识、未来眼光和对现实方位准确把握的充分彰显。我们相信，立足传承文明、创新发展的新起点，随着建设丝绸之路经济带国家战略的推进，甘肃一定会成为丝绸之路经济带的"黄金段"，再次肩负起中国向西开放前沿的国家使命，为中华文明的传承、创新与传播谱写新的壮美篇章。

正是在这样的历史背景下，读者出版传媒股份有限公司策划出版了这套《华夏文明之源·历史文化丛书》。"丛书"以全新的文化视角和全球化的文化视野，深入把握甘肃与华夏文明史密切相关的历史脉络，充分挖掘甘肃历史进程中与华夏文明史有密切关联的亮点、节点，以此探寻文化发展的脉络、民族交融的驳杂色彩、宗教文化流布的轨迹、历史演进的关联，多视角呈现甘肃作为华夏文明之源的文化独特性和杂糅性，生动展示绚丽甘肃作为华夏文明之源的深厚历史文化积淀和异彩纷呈的文化图景，形象地书写甘肃在华夏文明史上的历史地位和突出贡献，将一个多元、开放、包容、神奇的甘肃呈现给世人。

按照甘肃历史文化的特质和演进规律以及与华夏文明史之间的关联，"丛书"规划了"陇文化的历史面孔、民族与宗教、河西故事、敦煌文化、丝绸之路、石窟艺术、考古发现、非物质文化遗产、河陇人物、陇右风情、自然物语、红色文化、现代文明"等13个板块，以展示和传播甘肃丰富多彩、积淀深厚的优秀文化。"丛书"将以陇右创世神话与古史传说开篇，让读者追寻先周文化和秦早期文明的遗迹，纵览史不绝书的五凉文化，云游神秘的河陇西夏文化，在历史的记忆中描绘华夏文明之源的全景。随"凿空"西域第一人张骞，开启"丝绸之路"文明，踏入梦想的边疆，流连于丝路上的佛光塔影、古道西风，感受奔驰的马蹄声，与行进在丝绸古道上的商旅、使团、贬谪的官员、移民擦肩而过。走进"敦煌文化"的历史画卷，随着飞天花雨下的佛陀微笑在沙漠绿洲起舞，在佛光照耀下的三危山，一起进行千佛洞的千年营建，一同解开藏经洞封闭的千年之谜。打捞"河西故事"的碎片，明月边关的诗歌情怀让人沉醉，遥望远去的塞上烽烟，点染公主和亲中那历史深处的一抹胭脂红，更觉岁月沧桑。在"考古发现"系列里，竹简的惊世表情、黑水国遗址、长城烽燧和地下画廊，历史的密码让心灵震撼；寻迹石上，在碑刻摩崖、彩陶艺术、青铜艺术面前流连忘返。走进莫高窟、马蹄寺石窟、天梯山石窟、麦积山石窟、炳灵寺石窟、北石窟寺、南石窟寺，沿着中国的"石窟艺术"长廊，发现和感知石窟艺术的独特魅力。从天境——祁连山走入"自然物语"系列，感受大地的呼吸——沙的世界、丹霞地貌、七一冰川，阅读湿地生态笔记，倾听水的故事。要品味"陇右风情"和"非物质文化遗产"的神奇，必须一路乘坐羊皮筏子，观看黄河水车与河道桥梁，品尝牛肉面的兰州味道，然后再去神秘的西部古城探幽，欣赏古朴的陇右民居和绮丽的服饰艺术；另一路则要去仔细聆听来自民间的秘密，探寻多彩风情的民俗、流光溢彩的民间美术、妙手巧工的传统技艺、箫管曲长的传统音乐、霓裳羽衣的传统舞蹈。最后的乐章属于现代，在"红色文化"里，回望南梁政权、哈达铺与榜罗镇、三军会师、西路军血战河西的历史，再一次感受解放区妇女封芝琴（刘巧儿原型）争取婚姻自由的传奇；"现代文明"系列记录了共和国长子——中国石化工业的成长记忆、中国人的航天梦、中国重离子之光、镍都传奇以及从书院学堂到现代教育，还有中国舞剧的"双子星座"。总之，"丛书"沿着华夏文明的历史长河，探究华夏文明演变的轨迹，力图实现细节透视和历史全貌展示的完美结合。

读者出版传媒股份有限公司以积累多年的文化和出版资源为基础，集省内外文化精英之力量，立足学术背景，采用叙述体的写作风格和讲故事的书写方式，力求使"丛书"做到历史真实、叙述生动、图文并茂，融学术性、故事性、趣味性、可读性为一体，真正成为一套书写"华夏文明之源"暨甘肃历史文化的精品人文读本。同时，为保证图书内容的准确性和严谨性，编委会邀请了甘肃省丝绸之路与华夏文明传承发展协同创新中心、兰州大学以及敦煌研究院等多家单位的专家和学者参与审稿，以确保图书的学术质量。

《华夏文明之源·历史文化丛书》编委会

2014 年 8 月

在"中国玉石之路与齐家文化研讨会"暨"玉帛之路文化考察活动"启动仪式上的讲话

今天的会议是我到甘肃工作以后参加的最有特色的会议，很高兴能有这次机会与各位学者进行交流。刚才听到了各位专家学者发言，很受启发。借此机会，我表达几点想法。

一、丝绸之路经济带的建设需要更深厚的学术研究作理论支撑。

从文化的角度讲丝绸之路，一般会从佛教说起，即所谓"西佛东渐"。佛教文化影响了从东到西早期的一些王朝，包括北魏等少数民族以及后来的大唐王朝等。佛教文化千姿百态，其核心文化内涵仍然是"和"，"放下屠刀，立地成佛"就是这个含义。

今天会议主题中的玉文化也有一个传承的过程。叶舒宪老师的文章中提到，历史上更早、或比佛教文化还早的是西玉东输，此后是西佛东渐。西玉东输到内地这个过程，物质化的是玉，精神化了的是文化，文化的内核仍然是"和"。正所谓"化干戈为玉帛"。因此，丝绸之路的文化精神，概括为一个字，就是"和"。这是自古以来就有的文化，又是一个到目前为止仍然活态传承着的文化，这一点非常不容易。当然，它与其他事物发展规律是一样的。比如敦煌，经过嬗变，其活态传承到了洛阳、内地，有的在唐蕃古道形成后，与藏传佛教又有融合，藏传佛教现在也是活态的。西玉东输的过程也是如此，现在真正活态着、物化着的玉的文化表达多数不在产地，这些地方现在已经成为被封存的文化遗产。目前，我们需要解决的问题是，要以考古学为基础，在学术上把这些离我们很远的，已经"碎片化"、"隐形化"、"基因化"的文化源头用现代科技手段和研究方法重新挖掘出来，使得历史和现在能够一脉相承地衔接下来，并表达清楚，这是我们需要做的工作。华夏文明保护传承创新区建设以来，我们侧重于包括佛教文化在内的其他早期文化的挖掘、整理、研究，概括起来就是两个字——传承。甘肃是华夏文明发祥地之一，如果我们再不搞这些基因化的东西，它们可能就会离我们越发久远，再过几代也许会失传。可喜的是，今天由《丝绸之路》杂志社、西北师范大学组织承办玉文化研讨会，汇聚了叶舒宪、赵逵夫、叶茂林等一批专家，专题研究玉石之路和齐家文化（也以玉为核心）。这是一件很有眼光的事。也许今天参与研究的人数不多，但可能会载入史册。

二、把玉文化作为重要课题，填补华夏文明传承创新区内容建设的空白。

现在，提到马家窑文化却跳开齐家玉文化，这是有问题的。马家窑可以上溯到4000~5000年，大地湾彩陶可以上溯到8000年左右，但在此过程中，范围更大的、对文化研究影响更久远的，在中国的文化内核中所坚守的最核心的文化价值在"玉"，而不在"陶"。如果丢了"玉"，就把灵魂性的东西遗失了。在此之前，这一部分研究有所忽略、重视不够。本次会议和考察活动弥补了这个缺憾，强化了这个课题的研究，让华夏文明传承创新区的内容建设、理论研究、学术探讨更加丰富多彩，更加全面。所以，我们对大家寄予厚望。

三、要按照活动设计，把理论研究、考古发掘、实地考察结合起来，通过现场走访、田野调查，将存在争议的话题搞得更清楚，更成体系。

在甘肃做学问，可能最大的优势就是有现场。坐在深宅大院里、高楼大厦里，好多问题是解决不了的。光靠读书只能够解决一些知识、信息或者提示性的问题，做玉文化的学问就应该到现场去。本次活动就开了一个好头。要协调各地，解决好专家的考察保障问题，提供条件，提供方便，把当地和玉文化相关的资料、信息、素材开放性地提供给专家们，让他们对当地文化、历史情况有更多的了解。建议多留存一些考察资料，如果可能，做一档玉文化电视栏目，除了传播知识，还可以挖掘其社会意义。社会主义核心价值观第一句话中就有文明和谐，玉文化在某种程度上就契合了文明和谐。

此外，玉文化研究要形成气候，一定要有相对稳定的学术团队，确保研究工作的专业性和连续性。我们省可以考虑成立玉文化研究的专门学术机构，定期举办学术活动，长期坚持下去，使之制度化、常态化。我建议你们把玉文化研究基地放在甘肃。

预祝这次活动圆满成功，谢谢大家。

连　辑

2014 年 5 月

"玉帛之路文化考察活动"组委会

顾　　问：连　辑　郑欣淼　刘　基　田　澍　梁和平

组委会主任：叶舒宪

委　　员：叶舒宪　易　华　吕　献　冯玉雷　刘学堂
　　　　　徐永盛　张振宇　安　琪　孙海芳　赵晓红
　　　　　杨文远　刘　樱　瞿　萍

"玉帛之路文化考察活动"作品集

主　编：冯玉雷

副主编：赵晓红

野马泉
玉門關
阿克塞
敦煌
瓜州
嘉峪關
高臺
玉門
肅南
張掖
山丹
民勤
民樂
祁連縣
門源縣
武威
大通縣
德令哈
永靖
青海湖
西寧
蘭州
臨夏
定西
廣河
臨洮

"玉帛之路文化考察活动"路线图

———————— 计划路线

·················· 实际返程路线

目
录
Contents

引　言

　　2012年深秋,新疆师范大学召开了一个关于阿尔泰考古的小型学术讨论会,易华兄来了。一见面他就送给我一部他的新著《夷夏先后说》。这本书一出版,我就购来读了。易华兄用他那浓重的湖南娄底口音,给我讲述这部颇有影响的学术著作的梗概,从此我们成为学术知己。2014年春天,接到易华的电话,说是由甘肃省委宣传部、甘肃省文物局、西北师范大学等单位联合发起的"重走张骞之路"学术考察活动,邀我参加。后来,与考察的具体策划人、《丝绸之路》杂志社社长冯玉雷先生,在乌鲁木齐地窝铺机场一面之交,相谈投缘,定下此事。2014年7月13日上午,我主持完一个学术会议的最后一场,下午飞到兰州,赶上了考察队启程送行宴的结束,吃了几口饭,登上考察队的车。上车才知道"重走张骞之路",因势改为"玉帛之路文化考察活动"。7月26日,考察活动在定西结束,前后两个星期,基本上是一次穿越河西走廊、环祁连山脉的学术考察。一路风雨,一路欢笑,一路友谊,一路学术。走在路上,大家都谋划着,考察之后写点什么呢?7月16日,考察队来到民乐东灰山遗址。想到20世纪80年代，我在哈密参加天山北路墓地考古发掘，同窗赵宾福发掘民乐东灰山。他在这里发掘出大量彩陶，我在哈密见到更多是青铜器，就想起《青铜与彩陶的对话》这样一个书名。回来以后，顺着这个思路，从2014年9月份开始，每天清晨起来写上一千多字。学校上课和其他杂事真多，也只有这个时间，能把握得住。就这么每天坚持写一点，顺手发QQ空间里，有不少的学生和朋友进来读读，提了不少的建议，给我很大的鼓励。点点滴滴，持续有两个月，刚把青铜器那一部分写完，已经够出版社所要求的一本书的分量了，就将书名改为了《青铜长歌》，专写青铜之路。书稿初成，妻子李文瑛第一个把关。她做事比我细心多了，每遇到学术或文字上的不通，便会挑出来让我再改，直到她满意了才行。这本书，也是她在做了最后修订后，我才敢拿给出版社的，实际上是与她合作的产物。妻子也做考古，我说，要不就联合署名吧。她说，青铜器研究，不是她特别关注的领域，不挂虚名。这样，本来两个人完成的任务，变成了我一个人作品。

世界体系下的青铜之路，是一个世界话题，包括无限内容，博大精深。这本小书，只能算是一块引玉之砖、一只引凤之雀。

人类最早使用的铜器

很早以前就有学者关注欧亚东西间青铜技术与器物间的交流问题。2004 年易华先生《青铜之路：上古西东文化交流概说》的长文，第一次系统论述了青铜之路的概念，随后被学术界不断认知。青铜之路与其后丝绸之路是一对相辅相成的概念。青铜之路的西方始点是西亚两河流域为核心的区域。距今 6000 年前后，青铜技术与器物向周边传播速度加快，约在距今五千纪以内进入中亚的东部，距今两千纪前后，波及至甘青黄河上游的大部分区域，揭开了甘青河湟谷地的青铜时代的序幕。距今两千纪初期开始，中原地区爆发的青铜革命，也与西方青铜技术的梯级流布有关。研究表明青铜之路的内涵十分丰富，还包括羊、羊毛、牛、牛奶、马、马车等技术的东向传播。青铜之路将欧洲和东亚纳入了以西亚为中心的古代世界体系。青铜之路的开通，奠定了欧亚早期世界历史框架。

新石器的革命

上溯到距今一万年以前：地球上的最后一次冰期终于结束了，覆盖在地球表面上那些坚硬的冰壳，开始慢慢地融化。沿河环湖依山傍水、依赖狩猎和采集为生四处游移的人群，随着全球气候的变暖，纷纷来到江源河头水草丰足的地方，生息繁衍，人口慢慢密集起来。不过，好景不长，他们遇到了全球气候的一次干旱期，地球表面的水泽洼地越来越少，原来茂密的青草，枯竭变黄。氏族的男人们猎获的动物越来越少，氏族的女人们，也很难再采集到足够的植物果实，挖掘出更多的植物根茎。氏族群面临着巨大的生活压力。有些氏族群里，猎获的小动物，不再随意地杀掉，而是由氏族里的老者伺候它们，等长大了再杀。一片刚破土可食的植物幼芽，也不再用石铲随意掘去，由氏族里的老者伺候它们，等长大了结果后再食。原始的农业和畜牧业，就这样自然而然地出现了。农业和畜牧业，把人类社会的发展带入了全新的快车道。没过多长时间，人类就由单纯的自然经济，步入了以生产经济为主、自然经济为辅的时代。经历了数百万年的长夜之后，人类开始沐浴原始文明的曙光。

农业和畜牧业的出现，标志着人类历史上第一次产业革命的到来。英国考古学家柴尔德最先使用"新石器时代"这个名词，来概括这个农牧并重的时代。因为是生产经济，人类社会以不可思议的速度发展壮大起来，出现了前所未有的文化发展、技术创新的高潮。除种植业和饲养业以外，最值得自豪的是制作陶器。陶器的发明始自新石器时代之初，是新石器时代到来的一个重要标志。陶器发明之前，人类很早就会捏制泥制品。泥是一种自然之物，泥制品做起来简单容易，一些泥制品，晒干后可以当成器具使用，贮藏物品，是成型的泥器。人类使用过的那些泥器，很少能保存下来，现在我们只能从考古发现的残碎泥块中，去想象古人是如何玩泥为具的场景。还可以想象，长期制作泥制品的过程中，有那么一天，人们围火捏泥，竟然发现被火烧过的泥制器，变得那样坚硬，不容易破碎。影响整个人类文明发展史的制陶业，就这样开始萌芽了。另外还有一种可能，是恩格斯提出来的。恩格斯在《家庭、私有制和国家的起源》一书中，引证美国人类学家摩尔根的发现，说"可以证明，在许多地方，也许是在一切地方，陶器的制造都是由于在编制或木制的容器上，涂上黏土使之能够耐火而产生的。在这样做时人们不久便发现，成形的黏土不要内部的容器，也可以用于这个目的"。不管怎样，大约在距今一万年前开始，欧亚、东西方两大世界主要文明中心区域的居民，相继掌握了制陶技术。

陶器的发明和使用，是人类自掌握取火技术、饲养家畜和栽培植物技术之后，再次取得的又一划时代的进步。陶器从根本上改变了人们的生活方式。陶器发明之前，人们也偶尔食用烤、烧的食物，但多数情况下，主要食用生食。摩尔根在《古代社会》一书中引用爱德华·泰勒介绍的民族学材料说，"在没有陶器之前，人们煮食物的办法很笨拙，其方法是：把食物放在涂着黏土的筐子里，或放在铺着兽皮的土坑里，然后用烧热的石头把食物弄熟。"有了陶器，人们可以大胆地用火炖煮食物，革命性地改变了人们的熟食方式，熟食又大大加快了人类体质，特别是大脑的发展，人类一天比一天变得聪明起来。陶器制作技术的推广和流行，又与人类农业生产和定居聚落的发展密切相关。定居程度越高，制陶业就越繁荣，反过来，陶器被广泛地应用于生产、生活的许多方面，进一步推动了农业经济的发展，加快了人类定居化过程。在人类此前所经历过的数百万年的旧石器时代里，生活一直十分松散，社会结构相对简单，是散布的、人口不多的游移人群。定居之后，聚落的出现像雨后的春笋，人类的社会组织变得日渐复杂，由自在散漫，开始向以地缘为主，相对复杂的社会过渡。整个人类已经走在了通向文明的大道上。

陶器、铜器与文明

一万年前以前，陶器的发明，是人类购买的通向文明列车的第一张快车票。在陶器器表绘上彩绘图案，带来了几千年彩陶世界的异常热闹，给这张文明的车票，涂上了奇彩霞装。

然而，彩陶在护送人类步入文明门槛的途中，就告别了历史舞台，它不是一张终点票。细说起来，并非无故。因为无论彩陶当年多么灿烂辉煌，融入到多么深度的社会认知体系，也无论那些画面所蕴涵的人神天地的奥秘、情欲爱怨的寄托有多么丰富，它终归是小家小户之作。它的制作，大多数情况下，只要依赖一位制陶女就能成事。男人们或许只在一旁帮着和和泥、添添火——他们只在陶器的烧制过程中起了这些作用。就是说，无论陶器的形体多么复杂，彩陶纹样多么繁缛，艺术造型巧夺天工，都难以构成文明的必要条件，它与复杂社会控制体系的绝对存在之间，缺乏必然性关联。进入新石器时代，欧亚大陆陶器如浪潮般风靡，但人类学家并不认为这就是文明的缘由。因为陶器、彩陶并不是文明的发动机，顶多只是文明的助推器，何况彩陶在人类文明征途的中途，就下了车呢。彩陶文化博大精深，但它无力承担将人类带入文明的历史任务。文明是伴随着冶金、文字、城市，以及其他要素才产生的。

人类通向文明目的地有另外的车票，这是一组套票。铜器，特别是随即而来的青铜器，是套票里最重要的一张。

铜器和陶器的生产有完全不同的生产流程。一件青铜器，哪怕是青铜的残渣碎屑，都不会是一个人，甚至一家一户可以独立自主完成得了的事儿。青铜器是铜与其他金属的合金，程序更为复杂。它们都要经历找矿、开采、冶炼、制模，然后是锻打与铸造，有时还要寻找不同的矿源，或者从别处购买矿料。青铜铸造业的每一步、每一道程序，都有详细分工，都要相互合作，形成一个严谨的管理程序。就是说，一件最不起眼的铜渣背后，存在着一个有绝对控制力的社会管理系统。这个有绝对控制力的社会管理系统，就是人类学家们常常挂在嘴边的"文明"。

人工铜器的偶现

陶器的出现，如果更多是人类经验的结晶的话，那么铜器的出现，某种程度上，就更多地带有偶然成分。

人类最早使用的铜器，是自然界里的纯铜。地质学家告诉我们，地球上大多数的铜矿，其表层都以氧化铜的形式分布，其铜含量大，容易冶炼。究竟是哪位史前先民在山前地带，或者在农作狩猎牧羊之际，或者在无所事事的不经意间，第一次对裸露山崖、那色泽金黄的物质有了兴趣，随手敲下些碎块，而后打压成形？这件事的发生，在考古上永远无法证实，也没有太大的实际意义。问题的关键是，这位古人不经意的一敲一打，文明的一粒火种，便穿过了旧石器时代数百万年的漫漫黑夜，星闪而过。与制陶技术出现的年代差不多，也是一万年以前，在伊拉克北部一个叫扎威•彻米(Zawi Chemi)的地方，住着一群狩猎采集者，他们还处在中石器时代的末期。扎威•彻米人已经开始用自然的铜块打制铜珠、铜针和铜锥。碳十四的测定结果告诉我们，这些铜饰件的年代，早到了公元前9217年前后300年。这些纯铜的小件，制作程序简单。此后，在西亚文明起源的核心区里，不断发现有人工利用自然铜制器的事例。伊朗的阿里•科什 (Ali Kosh) 遗址，出土过一件红铜珠，是天然铜，严重氧化，是一件极薄的铜箔片，年代在公元前第七千纪。安那托里亚的恰塔尔休于遗址，曾发现有矿渣与红铜共存，是用红铜经过锤打而成的小铜珠，年代早到公元前的第七千纪。这些发现表明，西亚早期文化中心区域的人群，最早对自然铜矿有了兴趣。不过，此后数千年间漫长的岁月里，生活在西亚不同区域的人们，只是偶尔用自然铜块打压些零碎的饰件，民间的手工艺品时断时续。那时的人们，依旧心系陶器，零星偶成的铜件派不上太大的用场。人类揣着零星的几件纯铜制器，在文明的十字路口，踯躅徘徊了数千年。足见"文明"的历史之果，不是轻而易举，唾手可得。

青铜技术和器物的初传

青铜世界的序幕

纯铜的发现与利用，终会导致冶铜的出现。几千年间，人们烧制陶

器的实践过程里，会有那么一天、一次，把偶尔拾来的自然铜块，意外丢入火塘，等候了数千年的青铜冶炼业，在多个偶然之后，悄然而至。最早的文明星火为谁所燃，这是考古学家最想解决的大事，但并不是关键的命题。约在公元前 3800 年前的某一天，生活在伊朗琥希亚（Tepe Yahya）的居民，正燃炉炼铜。这里炉火正旺，

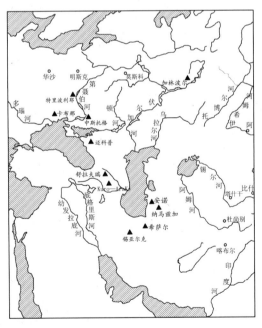

西亚最早铜器主要发现地点 |

紧闭了几百万年的文明之门，在飘忽的火苗中徐徐开启。

　　冶铜技术一旦登上历史舞台，自然就要传播。公元前的第四个千纪里，西亚那片神秘的土地，被誉为肥沃的半月形地带及其外缘，民间就有不少会冶炼青铜的工匠。考古学家在这属于安诺文化的遗址里，发现了锻造的小铜件，还有一些是半成品的铜器。比安诺人生活的时代晚数百年，安诺人的后裔——纳马兹加人，开始打造青铜世界的新天地。世界文明的大门，在叮当作响的锤打声中，撬开了一条缝隙。公元前三千纪的前半叶，纳马兹加人不断改善青铜冶铸技术，他们制作了工具和饰物，有尖头的双刃器，有锥和别针，还有用铜丝圈成的环饰，以及铜镜。单说这偶见的铜镜，不过是轻薄的圆形铜片，和后世用来照容饰面的铜镜有所不同，很可能只是萨满巫师偶尔用的一件道具而已。纳马兹加人制做的别针一类，造型别致，是早期的青铜艺术品中的一朵异花。别针铸成双螺旋状，外形奇特美观，铜器的定型技术达到了相当高的水平。铜器风格

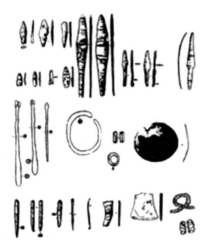

纳马兹加文化早期青铜器

一旦定型，就沉淀为文化的标志。有考古学家说，这类造型奇特的铜别针，不是纳马兹加人的首创，是从别人那里学来的。这意味着，青铜世界的序幕一经拉开，交流与贸易便随之而生。纳马兹加人在制铜业上的贡献，还不限于此，他们制作出了世界上最早的铜镰和铜斧。铜镰和铜斧的出现，大大改变了人类经济生产进程的缓慢走势。铜斧单宽刃，斧首加銎，安上木把，和现在农家偶见使用的斧没有根本区别，只是铜铁质地和形态上的差别而已。纳马兹加人还使用内外两范的合铸技术，这

是世界上最早出现的范铸工艺，这种范铸技术，走在当时工业科技的前沿，一经诞生，便推动着青铜工业上了一个全新的台阶。不用细想，用陶镰割麦子的功效怎么抵得上铜镰？用石斧伐木制器，怎么能抵得上那些快口利刃的铜斧。辽阔的西亚地区，并非只有纳马兹加人群独家掌握着先进的冶铜铸铜技术。生活在伊朗东北的希萨尔人、生活在卡尚地区的锡亚尔克人群，也都在很早就学会了冶铸和使用青铜器。这些相邻而居的人群，彼此交往互动，似乎是手拉着手，一并走在世界文明大道的前列。

纳马兹加文化双螺旋别针 |

青铜技术和器物东向初传

公元前第四个千纪里，在中亚西部和西亚的南部绿洲区域生活的人群中，青铜制造业已经蔚然成风。

人类学家说，文化传播是文化的自在与天性。这其中，物质技术层面的因素，是文化传播的过程中最为活跃的分子。史前时期的欧亚世界体系里，物质技术因素的传播，始自数万年前的旧石器时代而文化传播的第一次浪潮的到来，是公元前四千年开始的青铜时代，是青铜技术和器物的传播。当然，青铜技术与器物，不是孤寂的行者，与之伴随的有早期农业和畜牧业，以及其他文化因素。这些技术和器物，还有其他不可知的因素，一起组成了青铜之路的丰富内涵。技术和器物都不能无腿自行，背后是人群的迁徙与移动。文化的传播并没有预设的目标，而是四面八方地展开，犹如一个四向张开的网络系统。传播的规律犹如河流的形成，最初是如毛支溪，后来水到渠成，最后汇成了庞大的贸易商路，这条青铜的贸易商路，给文明世界提供了深邃和巨大的背景舞台。

这里，先讲讲青铜技术和器物的东向初传。青铜技术和器物，形影相随，很早就进入到中亚东部的边缘，出现在印度河上游、帕米尔高原以西的地区。巴基斯坦格奇高原的梅尔加赫遗址，就发现有公元前四千纪末的铜器，有铜铢和铜环，还有小的铜锭。从这些器物不难看出，青铜业在这一地区的出现已有些年头。继续东行便是高耸云端的帕米尔山结，那白雪皑皑的雪域神峰，成了青铜之路直入东方、深入天山南北的一道天然屏障。青铜之路大军的东向分支，由中亚南部直向东传，也曾有过不懈的努力。公元前第三千纪的时候，有一支人群，出现在帕米尔山谷盆地的克什米尔地区。这里有两处著名的新石器时代到青铜时代的遗址。一处叫布尔扎洪遗址，一处叫古夫克拉克遗址，两处遗址的年代，可早到公元前三千纪，遗址里发现有极少的青铜器，遗址的晚期，甚至有了铜镞类的武器。可能是帕米尔山结过于高大浑厚，自然环境无比地严酷，或者还有未知的其他原因，总之，葱岭成为史前青铜之路的天然分水岭，青铜之路直向东行的步履，终于没有战胜雪峰神巅。假设这一时期的青铜之路，能成功穿越帕米尔山谷走廊，抵达中亚地区明珠——塔里木盆地，整个中亚的历史就将会改写。然而历史不是假设，尽管只有一山之隔，塔里木盆地地区的远古居民，对帕米尔山外西部区域发生的热闹非凡的青铜革命，数千年间茫然不知。他们依旧生活在石器时代晚期，迈着缓慢细碎的步履，踯躅盘桓。历史又翻过了一个千纪，公元前三千纪的末期，随着北来人群的进入，塔里木盆地居民，才见到了第一件铜器。

青铜之路的西段

青铜技术与器物传播的主要方向，是由西亚的南部北上，进入内陆
欧亚北部的草原地带，然后转而向东，进入中亚北部的萨彦——阿尔泰
地区，继而南下，穿越阿尔泰，抵达天山山脉。青铜技术与器物传播的
这一时段和路径，我们称之为青铜之路的西段。

北上草原之路

青铜之路由西亚南部绿洲，西向和北向草原区域的传播，基本上算
是一条通途。

西亚远古居民，很长时期掌握着青铜工业的前端技术，相邻的西方
欧洲远古居民，是从西亚人群那里学会了青铜技术，对此原苏联冶金史
家切尔尼赫有过透彻的研究。青铜技术与器物北上草原，几乎是长驱直
入。青铜技术与器物，传播至中亚北部的森林草原区，在这里汇流、创
新，重新形成梯度式的传播中转区。切尔尼赫认为，中央欧亚草原一
带，最早形成的是巴尔干——喀尔巴阡冶金圈，这一冶金圈出现在公元
前四千纪。公元前三千纪中叶，这一冶金文化圈扩张至欧亚草原更辽阔
的地带，形成了环黑海的青铜冶金共同体。青铜技术与器物，沿途传

播，引起了文明突变。人们日常生活、劳动、作战时手里的工具，由石器替换成了青铜，新旧世界就此分野。许多的铜矿在这一时期被发现并得到了开采，青铜贸易空前活跃，凭借青铜这一介质，快速建构了近东西亚和中亚西部的贸易体系，文明顺着贸易的枝干细蔓，滋润发芽。这一贸易体系里的重要物品：有銎铜斧，明显为西亚南方传统的继续；体宽背长的铜刀，切割砍削，用途广泛；窄刃的铜凿，主要用来加工木

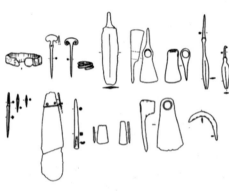

| 高加索地区早期铜器

器，这类器物从史前到历史时期，甚至于一直沿用到现代的凿，没有太明显的区别，变化只存在于材质和形态之间；形态扁平的铜斧，最具地区特色，这类铜斧体平薄，刃渐宽展，用起来方便顺手，效能明显。青铜器技术与器物，南北穿梭，引起的是南北文化的互动。早期欧亚之间广大区域里青铜贸易圈的形成，是这一地区史前历史中，一条隐喻了数千年的主线，也是一条文明成长互动的主线。

东传阿尔泰

青铜技术与器物，由南向北递级传播。中亚西部的青铜技术和器物，南北向的作用势如破竹。中亚北部草原地带，有一支被称为亚姆纳雅的人群集团，他们以黑海、里海北部的草原森林为依托，形成了新的青铜传播中心。亚姆纳雅人，青铜技术与器物的贸易网络中，南北呼应。更重要的是，他们转而向东，开辟了一条通往东方的中亚北部辽阔草原的青铜贸易通道，拉开了欧亚东部青铜世界的序幕。公元前三千纪

的前半叶，云集在黑海、里海北岸的亚姆纳雅人群集团，因环境或人口压力，分出一支，他们沿着森林草原向东迁移。一路上虽不尽是坦途，但也没有遇到不可逾越的天然阻隔。公元前三千纪的时候，他们进入到南西伯利亚的米努辛斯克盆地。在不断迁徙的人群队伍

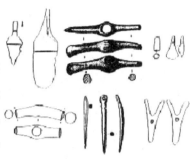

| 纳姆纳雅人的铜器 |

中，不乏掌握着高深专业矿产知识的巫师，这些探矿的巫师们，不仅在高加索和巴尔喀阡找到了那么多的铜矿，他们寻路东进，不久就在阿尔泰和萨彦岭一带，找到了新的矿源。西部中亚，南北地区相比，青铜文化关系密切，但整体作风上存在区别。比如，中亚草原地带的人群，最初使用的铜斧多不带銎，是用手把着斧柄砍削劳作，后来才从南方人那里学会了铸带銎孔的斧。

南西伯利亚古代史

米努辛斯克盆地位于叶尼塞河上游，这里河流纵横，水系如网，是西伯利亚地区最重要的农业区域。米努辛斯克与阿尔泰之间，分布着一些富集的铜矿脉，它们是亚姆纳雅人一路东来寻找的重要目标。上个世纪初，不少考古学家汇集在米努辛斯克盆地，进行考古调查与发掘，不断有惊人发现。一代人在经历了数十年的深入研究后，揭开了史前青铜之路东方之行的重要一幕。

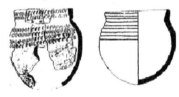
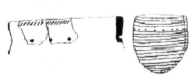

| 纳姆纳雅人的陶器

南西伯利亚叶尼塞河中游一带，是欧亚草原考古的圣地。早在俄罗斯

沙皇时代，这里广布的石器遗址就受到人们的关注。十月革命后，前苏联以考古发现为支撑，在意识形态领域全面推行马克思主义，催生了这一地区考古系列的大发现，推进相关研究的深入。上个世纪初期，国际知名的中亚史前考古学者捷普罗霍夫、吉谢列夫、格里亚兹诺夫、奥克拉德尼科夫，都参与主持过南西伯利亚的考古发掘与研究。这些学者在考古文化建构、文化因素和特征的归纳、考古学编年研究诸多的方面，都做过相当细致和系统的基础梳理工作，为整个草原世界的考古研究奠定了坚实基础。总的看来，始于上世纪初的中亚草原考古编年，东部以米努辛斯克盆地青铜时代为中心，主要由特布罗霍夫来完成；西部以南俄、特别是以顿涅茨河为中心，主要由格罗索夫来完成。特布罗霍夫归纳出阿凡那羡沃文化——安德罗诺沃文化——卡拉苏克文化，长期以来被从事中亚考古研究的学者们奉为圭臬。

十月革命后，苏联学者普遍用马克思主义社会发展史的模式来研究和整合考古材料。斯大林时期，更关注历史研究的马克思主义方向，考古发掘和研究的最终目的，是为了证明马克思主义的历史唯物主义观点和社会发展史模式，是具有普遍性的真理。著名的考古学家吉谢列夫，完全套用马、恩、列、斯经典著作中关于历史的分析范式，构建起南西伯利亚诸部落从原始母系氏族社会公社，到形成萨彦——阿尔泰诸民族及其古代国家，这一宏大叙事结构的历史脉络，成为流世名作。

1945 年，吉谢列夫写成了博士论文《南西伯利亚古代史》，该书于 1950 年获斯大林奖金。1981 年，《南西伯利亚古代史》一书出版，不久，王博先生翻译出版了这本书的正式文本。数十年来，《南西伯利亚古代史》一书一直是新疆史前考古研究最为重要的一个参照系，至今影响巨大。近些年来，这一地区的史前考古研究，在方向上有了重大的转移，学者们更多地将注意力放在了文化因素溯源、文化体绝对年代研究、文化关系网络系统的建立、文化边界的寻找划分、游牧文化的起源与传播、文化的生态研究和人类生存状态研究等方面。揭开了南西伯利亚史前考古研究新的一页。

阿凡那羡沃人及其铜器

青铜技术初传至米努辛斯克盆地后，首先被生活在这里的阿凡那羡沃文化的人群使用。阿凡那羡沃是叶尼塞河中游岸边一座不起眼的小山的名字。1925 年，捷普罗霍夫在山前一处坳地，发现了为数不多的墓葬，从此开始了阿凡那羡沃文化的研究历程。

阿凡那羡沃文化陶器 |

阿凡那羡沃人的遗存主要是墓葬。这些墓葬从墓的建筑、死者安葬习俗到随葬品都独具特征。特别是墓葬中出土的阿凡那羡沃式的陶器，成为这一文化的独特标志。陶质是夹砂灰陶，器类简单。器型多无耳、直腹，其次是折腹或略鼓腹，器表施以刻画压印纹。纹样主要是短道、篦纹、杉针纹。阿凡那羡沃式的这类器物的组合和纹饰风格，源于亚姆纳雅人。亚姆纳雅人习惯使用尖底鼓腹的无耳罐，器表也常饰以细线纹、划纹、戳刺纹和波浪纹等，器物外形略像鸡蛋，又被称为蛋形器。阿凡那羡沃人的墓葬里，这类陶器是主流，只是形态略有变化：尖底罐有短直的竖领，深腹、肩微鼓溜圆，以平滑的弧线下垂，制成尖圆底，器表用齿状工具装饰以篦纹。吉谢列夫指出，这类源自亚姆纳雅文化的古旧陶器，在阿凡那羡沃墓地占全部陶器的 79%。有学者研究，这类陶器，实际上模仿了草编篓的样子，连器表的篦纹，也模仿了草编纹样。

阿凡那羡沃人是怎样来到米奴辛斯克盆地的？一直是中亚考古的热点和难点问题。多数学者倾向于认为，他们在米努辛斯克盆地的突然出现，与亚姆纳雅人的东迁有关。亚姆纳雅人东迁的途径，学者曾进行探讨。中国社科院考古所学者郭物认为，在亚姆纳雅文化形成过程中，有一支叫瑞品人的文化起过关键的作用，它的年代比亚姆纳雅文化还要早。瑞品人的一支与其他人群发生了冲突，从公元前 3700 年开始，经 200 多年的迁徙，越过乌拉尔河，向东来到哈萨克草原地区，后来他们继续东进，抵达叶尼塞河中游，与那里的土著居民，或者

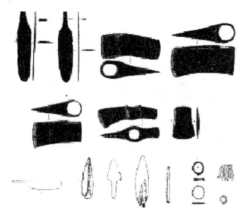

| 阿凡那羡沃人使用的铜器

一些相向东来的人群相遇，从此进入阿凡那羡沃历史的新阶段。体质人类学家研究认为阿凡那羡沃人属于原始的欧罗巴种，显然与他们的西方"出身"有关。

阿凡那羡沃人已经较普遍地使用铜器。他们用红铜打制耳环、手镯等饰件，还有针、锥、小刀等工具，另外还发现有金、银、陨铁制作的饰物。有的学者推测，阿凡那羡沃人一定也使用过亚姆纳雅式的铜斧，只是没有成批地出土。阿凡那羡沃人在米努辛斯克盆地生活的年代，最初学者们一般推定在公元前 2200 年前后或更晚。近年来的研究成果显示，至少在公元前三千纪的中叶，阿凡那羡沃文化已经显现出繁盛的景象。

穿越阿尔泰山

阿凡那羡沃人在叶尼塞河中游兴旺起来，随即开始了向四周迁徙的过程。阿凡那羡沃人的一支，逆叶尼塞河南迁，公元前两千纪以前的某个世纪，进入到阿尔泰山地，不久就翻过这一横卧中亚草原的巨大山系，进军阿尔泰山的南麓。自此，点燃了环准噶尔盆地青铜革命的火种。

阿凡那羡沃人，或者同时代的其他人群，由何地、何时，溯河而

阿尔泰山风光（什巴尔库勒墓地）|

上，穿越宽厚的阿尔泰山脉，来到今天新疆境内的阿尔泰山南麓？这一问题的研究并不一帆风顺。究其原因，一方面的，可能是青铜之路在中亚东部的情况，特别是它的传播路线要比西部区域显得更为复杂。另一方面，是中国学者在中国境内阿尔泰地区展开的考古工作很少，基础薄弱，研究也不深入。即便如此，考古学家仍然感觉到了阿凡那羡沃人群南进，或同时期其他人群步入阿尔泰山南麓，相关轮廓越来越清晰。这其中有两类能提供关键证据的陶器：一是前述的阿凡那羡沃式尖底蛋形陶罐，二是被称为香炉的陶物，器形很似陶罐的器物。

克尔木齐青铜墓葬之辩

阿凡那羡沃式尖底蛋形陶罐和陶香炉，在新疆的阿尔泰山南麓的克尔木齐墓地出土过，只是形体上发生了变化。

克尔木齐墓地距阿尔泰市不远，向南是起伏的戈壁丘陵。墓地共发掘墓葬 32 座。这 32 座墓葬，情况相当复杂，不同时代的墓交错分布，有的早到了青铜时代，有一部分属于战国到汉代，甚至有个别的墓葬甚至晚到了晋唐。关于这一墓地的文化性质和文化因素组成，不断有学者关注研究，相互争论，意见不一。有学者认为，这是一处战国时期到汉代的墓地，有的学者笼统地说它属于早期铁器时代等等。王炳华先生最早提及，克尔木齐墓地的部分陶器，年代可能早到阿凡那羡沃文化时期。后来，王博先生对这一区域类同的材料进行了整合分析，重新提出和命名了一个叫"切木尔切克文化"的概念，将其定在青铜时代。在克尔木齐属于青铜时代的墓葬中发现有铜器。体量较大的一件是铜铲，另外还有铜刀、铜镞。特别重要的是发现了石制的铜范。铜器出土虽少，但成熟铜范的发现，足以表明克尔木齐人青铜手工业发展的水平之高。阿尔泰山的铜矿，很可能在这个时期就已开发。

克尔木齐墓地确认属于青铜时代的文化因素，主要原因是上文提及的两类陶器，外加一些平底的陶罐。林梅村先生结合这两类陶器，具体地论述了克尔木齐墓地青铜时代墓葬与阿凡那羡沃文化的关系。2002年，他提出克尔木齐陶器渊源于阿凡纳谢沃陶器，两者必属同一时代，即公元前期 2200 年至前 1900 年之间。林梅村先生认为，克尔木齐人在阿尔泰山南麓的出现，当与黑海、里海北岸亚姆纳雅人的东向迁徙有关，并将其作为欧罗巴人种的一支，即林先生说的操印欧东方语支的吐火罗人到达新疆东部的标志。林梅村进而提出了这样一条吐火罗人的迁徙线路图：具有亚姆纳雅人背景的一支人群，公元前 2000 年前，出现在阿尔泰山南麓，留下克尔木齐墓地里那些青铜时代的墓葬，后来继续南下，来到今奇台县的西卡尔孜，在这里出土的橄榄形陶器，成为他们南下时途经该地的证据。这支人群，长途奔波，穿越天山腹地，来到塔里木盆地的东部边缘的罗布淖尔三角洲一带，在这里长期定居，创造了古墓沟——小河文化。林梅村的研究，使得一些学者再度关注克尔木齐墓地，那区区数座墓葬，和墓葬中不多的几件铜器、陶器和石器，多次成为争论的焦点。学者们纷纷对其进行追宗认祖式的研究，各自提出相似或相异的观点。大体上可以归纳为：出现在阿尔泰山南麓的这群人，文化并不单纯，文化的成分里包含有亚姆纳雅文化因素、阿凡那羡沃文化因素、奥库涅夫文化因素、辛塔什塔——彼德罗夫卡文化因素、安德罗诺沃文化因素，甚至卡拉苏克文化因素。学者们提到的这些文化，都是新疆境外阿尔泰山北部和西部相邻地区，传统命名或者新近命名的结束考古文化，时代约从公元前三千纪后半叶开始，到公元前两千纪前半叶。

历史真相渐次显露

克尔木齐墓地，仅有这几座青铜时代的墓葬，和不多的几件出土文物，反映出来的问题却如此复杂，争论次数之频繁，认识差异之大，在新疆考古史上实为罕见。

不久前，著名的考古学家林沄先生，像解剖麻雀那样，从 2003 年布尔津县阔帕尔谷地出土的两件陶器说起，对克尔木齐墓地青铜时代墓葬中的包括陶器在内的诸多文化因素，进行了耐心、细致入微的分析。他发现此前的研究者，虽然纷纷举证，论述克尔木齐墓地与阿凡纳羡沃文化、奥库涅夫文化、安德罗诺沃文化等之间存在着文化关系，但所举实例，有的缺少可比性，有的明显存在有主观上的臆断。克尔木齐墓地与外阿尔泰地区青铜时代诸文化之间的关系，似曾相识，又不能确认；似有亲缘关系，又不能明确其互相嬗变的轨迹。是一种若即若离的关系，是一种经历了一段"杂交"历史后的文化再现。这种关系形成的过程和背景暗示我们，克尔木齐墓地青铜时代墓葬所反映的实际情况，不像是中亚草原西部人群迁移过程中，直接进入阿尔泰山南部后的初始状态，而是文化交汇与演变的结果。最近几年在阿尔泰山南麓，再次发现内容更为丰富的青铜时代墓葬，所见陶器的形体更为特殊，在传统基础上的变形表现得极其充分。这些新的考古材料显示，距今五千纪下半叶，曾有文化上更接近阿凡纳羡沃的人群在阿尔泰山南麓活动。在迁徙过程中，自身文化不断地发生演变。这支人群，来到阿尔泰山麓后，在额尔齐斯河上游克兰河流域驻足。随着时代的变迁，不断受到周边其他文化影响，文化在动态演变过程中发生了悄然变化。这种情况自然造成了学者们将克尔木齐青铜器时代墓葬与周边地区时代相差不大、交错共存的其他考古文化比较之时，有了一种似曾相识却又无从相认的感觉。

| 克尔木齐人使用的陶器

克尔木齐墓地青铜时代的墓葬所诉说的故事，大体可以归纳如下：故土在欧亚草原西部的亚姆纳雅人，携带着先进的青铜技术及其他因素，在东迁过程中，经历了与阿凡那羡沃人及与文化关系密切的其他人群分支的再度碰撞与融合，之后进入阿尔泰山的南麓，又经过了一段时期的文化变迁，才留下了克尔木齐墓地青铜时代的墓葬类遗存。随着这一地区考古工作的展开，或许还能找到文

化风格上更接近阿凡那
羡沃文化的遗存，当然
这只是富有诗意的想象。

　　这几年来，笔者曾
经钻研过阿尔泰山的岩
画。这里的岩画，年代
早的可追溯至旧石器时
代的晚期，有一部分岩
画，则可能是青铜时代

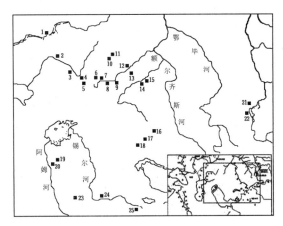

安得罗诺沃文化人群的分布

早期的作品。环顾整个阿尔泰山系，会发现阿尔泰山的岩画风格一致。
也就是说，阿尔泰山南北两麓，自石器时代开始，人群之间就有密切的
往来，从未中断。青铜时代早期沿中亚北部草原自西而东的人群迁徙浪
潮，自然会沿着风景秀丽的额尔齐斯河南下，到达新疆的阿尔泰地区。
只是他们留下的相关遗迹很少，或者一时难以发现和辨识出来而已。

安德罗诺沃人群的扩张

　　自西向东迁徙的人群来到中亚东部，汇聚在阿尔泰山系、塔尔巴哈
台山系、西部天山山系的外围山麓。他们环绕在准噶尔盆地的北部和西
部活动，形成一个断续相连的半圆形文化圈。这里是北疆地区自然环境
最为优美的区域，山麓地带森林密布，松涛一片，河谷两岸水丰草茂，
野生动物出没其间。远古人类的活动迁徙，没有事先预定的线路，多是
沿着河谷草甸、冲积绿洲自然移动，大河谷地是他们首先选择的目标。
迁徙是历史上欧亚北部森林草原的游牧民生存常态，他们依山傍水，迁
徙往来，书写着流动的历史。额尔齐斯河是新疆唯一的外流河，北注北
冰洋，是诸多游牧民的母亲河，河谷两岸，迁徙的人群前后接踵。塔尔

巴哈台山和吾尔喀夏依山交汇的地方有一条额敏河绵延 300 多公里，其终点是哈萨克斯坦的阿拉湖，额敏河也是一条绿色飘带，承载着迁徙人们的生活与希望。

1914 年，前苏联考古学家 C•A 捷普苏霍夫根据米努辛斯克盆地阿钦斯克州附近安德罗诺沃村旁边一处墓地的考古发现，提出了安德罗诺沃文化的命名。其后，安德罗诺沃文化的遗址和墓葬，像是滚雪球一样增加。这些考古发现表明，约公元前 2000 年前的某一时期，安德罗诺沃人登上欧亚草原的舞台，发动了轰轰烈烈、天翻地覆式的文化整合运动，开启了中亚草原安德罗诺沃文化联合体的新时代。所谓的安德罗诺沃文化联合体，说的是在中亚相当辽阔的区域里，人们使用风格相同的陶器和铜器。墓葬结构和葬俗特征十分接近，安德罗诺沃文化联合体的突出特征是：平底的缸形陶器系统、形制相近的铜器和发达的冶金业、装有轻辐条式车轮的马车、大量驯养的马匹。安德罗诺沃文化联合体的势力扩张速度之快、范围之广，使人惊叹。一段时期后，安德罗诺沃文化几乎覆盖了内陆欧亚草原的大部分区域，西起南乌拉尔、东抵叶尼塞河中游和天山地区，向南一直延伸到原苏联中亚南部的土库曼斯坦，北部直逼中亚北方森林带。哈萨克斯坦草原，是它的一个中心分布区。阿尔泰山和塔尔巴哈台山河岸前的绿洲里，也都发现有安德罗诺沃文化遗存。经过发掘的有塔城市的卫校遗址、托里萨孜村墓地、塔城二宫乡下喀浪古尔遗址等。近年来发现的还有额敏县霍尔吉特墓地、裕民县阿勒腾也木勒水库墓地。另外，多年来

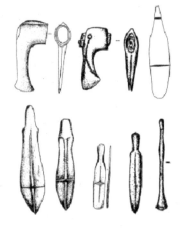

| 安德罗诺沃文化的铜器

在这里的环山区域采集了不少的青铜器，也多与安德罗诺沃人群分支在这一带有活动有关。目前，在这一地区，尚未发现早到阿凡那羡沃时期的人类活动遗迹。值得注意的是，在塔尔巴哈台山间的巴尔库尔，发现了有人物舞蹈岩画，反映的是男女交媾内容，岩画的风格和时代，很可能会早到青铜时代早期。合理的推测是，曾有一支比安德罗诺沃文化更早的畜牧农作人群，他们掌握着先进的冶铸技术，曾经来到过这里。塔城地区的考古工作，还存在着大量的空白区域，希望未来新的发现，能证明我们的推测与判断。

青铜技术初入天山

离开塔尔巴哈台山南下，就进入天山山系。天山山系向东，沿着河西走廊，继续东行，抵达黄河上游的河源区域。这是一条漫长和曲折的道路，我们称其为青铜之路的中段，也是青铜之路的核心区段。青铜之路中段的故事，要从山系西部的博尔塔拉河谷和伊犁河谷讲起。

雄浑的天山山脉

天山是欧亚大陆中部最高大的山系之一，它西起乌兹别克斯坦的克孜尔库姆沙漠以东，经哈萨克斯坦和吉尔吉斯斯坦进入我国新疆，余脉向东伸入河西走廊，东与祁连山脉遥相衔接。天山东西长 2500 多公里，南北宽 250 公里到 350 公里不等。帕米尔向北，天山南北纵深达到 800 公里以上，跨北亚草原与南方绿洲。中亚著名的塔里木河、锡尔河、楚河、伊犁河均发源于此。新疆境内的天山占整个天山山体的三分之二。新疆天山西起乌恰，东迄伊吾，地处准噶尔盆地和塔里木盆地之间，天山山系主要由北、中、南三条支脉组成。北支大致和纬线平行，紧靠准噶尔盆地，山麓一线有面积不等的盆地、谷地，如赛里木湖地堑盆地、博尔塔拉断裂盆地、柴窝堡断陷盆地和巴里坤盆地等。中天山接近于东西走向，与北天山之间夹有伊犁河谷地、大小尤尔都斯盆地、焉耆盆地、吐鲁番、哈密盆地，这些盆地都是远古居民最早生息繁衍的地方。天山间的盆地相对独立封闭，多依赖山涧沟谷彼此连通。天山的远古居民，沿着这些自然通道，由四周向盆地内汇聚。受地理形势制约，天山南北的人群自古就形成了小聚集、大分散的居住和分布模式。

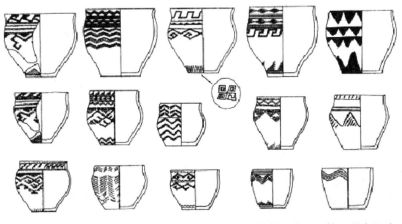

安德罗诺沃人使用的陶器 |

阿敦乔鲁的石构建筑

由塔尔巴哈台山南下，最先遇到的是西部天山向北延伸的一段巨大山体，山间盆地中有一条博尔塔拉河。这条河经温泉县、博乐市、精河县折向北偏东，注入了艾比湖。博尔塔拉的河谷盆地封闭性很强，盆地三面环山，像是被风吹落在天山间的一叶海棠。位于天山山体西北一隅的博河河谷，景色奇丽。山麓地带青草茵茵，成群的牧羊撒落其间，像是在四向铺展的绿色绒毯上，散缀其间的花朵。盆地沿山一带，风景如画。然而，长期以来，考古工作者极少光顾这里。

20 世纪 80 年代末，考古工作者在温泉县西北边境一带的阿敦乔鲁，发现沿山布列的石围栏墓葬。这些石围栏墓葬，可谓是精心布局，地表形态或矩或方，少数圆形。或大或小，并列连续，四面展开，形同石阵，犹如迷宫。由于未进行考古工作，专家们推测是这里远古青铜时代人们的杰作。为破解博尔塔拉河谷的"巨石阵之谜"，近年来，中国社会科学院考古研究所组成考古队，连续在这里进行考古发掘，取得了重要突破。阿敦乔鲁遗址的发掘，列为 2012 年度中国十大考古新发现之一。

阿敦乔鲁距温泉县城西部约 41 公里，位于阿拉套山南麓的浅山地带，蒙古语意为"像马群一样的石头"。2012 年 6 月至 9 月，考古队在这里发掘了 3 座相互连属的房址，9 座石板墓葬，墓葬系用四块人工修整过的大石板构成石棺，无底，盖板由大石块构成。墓室内残有木头葬具痕迹，可分辨出榫卯拼接。出土有陶器、石器，还有铜器小件、金耳环等遗物。陶器是属安德罗诺沃文化系统的缸形器，特别是出土了一件安德罗诺沃式的喇叭状耳环。碳十四测定，遗址的年代始自公元前的 19 世纪。博河流域存在着巨大的考古空白，目前还不能将此处

｜阿敦乔鲁遗址

的偶然发现看作博河流域青铜时代开始的年代。这一区域青铜时代开始的时间，推测会更早一些。希望未来的新发现，能证明这一点。

到伊犁考古去

从博尔塔拉河继续南下，就进入到新疆的天山西部，进入到天山西

部最著名的谷地——伊犁河谷。

2001年秋，笔者带领的一支考古队，发掘了位于伊犁河支流喀什河上游南岸的穷科克一号墓地。这是一处东来彩陶人群氏族集团的公共墓地。深秋的一天，我们意外发现习惯使用彩陶的穷科克氏族的墓地，建立在一处更早期人类集团的生活居址上，这让我们兴奋不已。

穷科克遗址立刻就成了我们发掘的重要对象。发掘结果表明，穷科克遗址正是安德罗诺沃联合体人群中，一支初具规模的氏族群体，沿喀什河沿岸生活留下的生活居址。穷科克遗址只是个引子，此后的短时期里，同类型的安德罗诺沃遗存，在尼勒克的喀什河谷有多处发现，经过考古勘察的有萨尔布拉克沟、卡拉苏遗址、乌图兰墓地、恰勒格尔遗址等。此后，伊犁河的其他支流，也不断传来发现安德罗诺沃遗址和墓葬的消息，经过较大规模考古发掘的有特克斯河流域的库克苏河西2号墓地、巩乃斯河流域的新源阿尤赛沟遗址等。长期以来，伊犁河谷采集和征集了一批青铜器，也大多属于这一时期，应该也是安德罗诺沃人群分支使用过的武器和工具。可见，伊犁河谷是安德罗诺沃文化联合体的重要分布区。我们曾测得一组碳十四数据，测得以穷科克遗址为代表的伊犁河上游青铜时代的考古文化，年代不会早于公元前1500年。

自然条件如此优越的伊犁河上游一带，有没有比这更早的青铜时代遗存呢？这件事要从1985年说起。

1985年，我大学毕业的第一年，来到奴拉赛古铜矿考察。由县城过喀什河，攀峡谷进天山。见崇山峻岭间，有一不算巍峨的山头，山头为圆形，也称圆头山，另一处山头称为奴拉赛，都是著名的古铜矿。其中圆头山开采的时代可能略早一些。铜矿采用的是露天开采的方法，有十几处井口，井口面积约5米见方，竖井在地下相通，形成了网络式的采矿巷道。依山堆积的是古人开采铜矿的废弃料，还有冶炼遗址。山脚下有现代采矿队正在钻山破洞。登土奴拉赛铜矿矿山腰，在半坡草丛中，寻见一处露天的竖井口。矿工师傅在我腰间系上绳索，悬空下井，竖井深 30 余米。炎热夏季，洞内却寒气袭人。洞底有静水，深可没腰，冷如冰融，直刺肤体。有一小小的石块自洞口落下，就会引起巨响轰鸣，那回声在蜘蛛网般纵横穿梭于山腹的井洞内缭绕不散。洞内漆黑如夜，借手电光线，见横竖矿道四面交织，矿体几被开采空。出了矿洞，与采矿的技师攀聊，采矿的技师说，奴拉赛是他们一生见到的最富集的矿脉，这里开采的矿石，不用选矿，即可冶炼。后来北京科技大学梅建军、李延祥两位博士，对这里出土的五块铜锭进行了检测，它们含铜量都在 60% 以上。技师疑惑，是何时何方的产业大军，操作何种先进仪器，在这不知名号的天山腹地探得富矿，并把山腹几乎挖空了呢？难以计数的铜料又都到哪里去了？谷深峡窄，炼铜用的那些难以想象的巨量燃料又用何法、从何处运来？

今天的奴拉赛古铜矿，在内陆欧亚冶金史里，名声显赫。专门研究冶金史的梅建军博士，曾对这座铜矿做过研究，他发现古人冶炼出来的是砷青铜。砷在当地没有矿源，当是从远方贩运，在冶炼过程中加注砷液，这自然会让我们想起西方的砷青铜传统。在奴拉赛古铜矿洞口，研究者发现采矿人最后撤离前，留下的几根支在矿竖井上部的支木。采集交木样本进行碳十四测定其年代在战国时期的公元前五世纪前后。很长时期内，这一数据，被当成了奴拉赛铜矿的使用年代。实际上，这一级数据只能表示铜矿废弃阶段的年代。

战国以前的数个世纪，伊犁河谷就进入早期铁器时代。早期铁器时代人们普遍使用铁器，古人更迫切需要寻找的是铁矿，然而传统还在延续，冶铜业并没有荒废。再说，当时的工业，还处于原始阶段，那时的人们全靠手抬肩挑运送矿料，用粗笨的石器掘山开矿。奴拉赛人开矿用的石器，矿洞里和矿前随手可捡。石器呈亚腰状，亚腰处用于捆绑系绳。这样的手工作业条件下，奴拉赛的矿工们，不可能一朝一夕，把山体挖空，他们一定是前后数代"愚公移山"，挖山不止，冶石于不息。奴拉赛铜矿自开采伊始到废弃的时间，应该久远地多。这让我们不禁联想到，相邻中亚西部区域，那些掌握着砷青铜技术的产业大军。早在进入公元前三千纪后，已频繁发现和开采了许多大型的矿脉，掀起了中亚地区青铜革命的浪潮。

史前时期，没有国家，更无行政的边界，人们自由活动。中亚西部那些寻铜的巫师，在东进过程中，有可能发现了奴拉赛这座最富的矿脉。究竟是哪位身兼巫师身份，又堪称远古"地质

奴拉赛古矿洞 |

学家"的古人第一次发现它，后来又是如何组织了一支矿业大军，数代开矿，开采出来的巨量的矿料又被运向何方？如今，单纯依靠仅存的考古迹象，已经难以说透这背后的壮举与辉煌了……

混血人群的梯级南下

公元前三千纪下半叶，欧亚草原东、西部人群的相向迁徙，东西方人群集团再次大面积混血。

东西方人群持续不断的血脉交融，早在数万年前的旧石器时代晚期就开始了。辽阔的中亚北部草原，沿大河宽谷无际铺开，为欧亚东西方人群的交流、交汇与交融提供了天然舞台。总的看来，在这一过程中，

来自西方的人群集团，表现得更为主动，他们迁徙活动更为活跃。在东迁的沿途，他们学会了控马，并且天才地发明了四轮的轻型马车。四轮轻型马车的发明，加速了欧亚草原人群的互动，加快了历史进程的脚步。辽阔的草原上，快马轻车，人群涌动，相望于道。那时候没有族群的界限，陌生的人群相遇，并无文化的界定和宗教的大防，一切顺乎自然，不同文化传统的人群融为一体，这是人类喜欢抱团的天性使然。有时也发生过摩擦、冲突。从历史来看，融合是滚滚铁流，大势所趋。东西人群交融，是人类历史长河中最为自然不过的事，世代相承，无处不在，永无尽止；文化交流、合作创新，基因重组、再造人群，是人类历史发展中颠覆不破的规律。欧亚东、西方人群在迁徙开发中亚草原的过程中，此起彼伏，早期，西来群体一度占有压倒性优势。那时，动态构成的人群集团里，体态、发色肤色、面型眼色等诸多体质的表象特征，以欧亚西部人种的特质更为突出。人群中操着西方语言皮肤白皙、金发碧眼、个体高大之人，比比皆是。同时，人群中夹杂着为数不少的黄肤黑发的东方人种，但更多的是他们混血后的新生代。正是这样的人群集团，赶着牛羊，一路散着麦种，到处寻找新的铜矿。考古学家一直没有发现比他们更早的在环准噶尔盆地北部和西部活动的确切证据，只能从稍晚略后的考古线索中推测，这样连绵不断的迁徙在更早的年代一定发生过。无论如何，体内融汇有欧亚东西方人种基因的人种，西来南下穿越了阿尔泰山系，走过了西部天山和塔尔巴哈台山系间的通道，向着天山汇聚。公元前三千纪下半叶的某个时间，他们来到内陆欧亚最为干旱的绿洲区域，来到雄伟的天山腹地，开启了天山地区史前历史的新纪元。

几乎同时，新石器时代开始于黄河的中上游，携带彩陶技术与黍、粟类农作物种植技术的人群，西渐的先头部队，已经走到了河西走廊的西端。这些东方彩陶人群，已经做好了跋涉数千公里戈壁的准备工作，他们继续前行，向着东天山走来。彩陶人群沿途演绎的故事，我们将在《彩陶与青铜的对话》一书中介绍。东来人群的遗传基因比较单纯，都是黑头发、黑眼睛、黄皮肤的东方种群。公元前三千纪前半叶的后段，他们可能已经出现在哈密盆地，做好了继续西进的准备。滚滚西来、滔滔东进，完全不同体貌的人群，相向走来，他们的相遇，是不久将来的事了。

天山深沟里的"罗塞塔碑"

20 世纪 80 年代初，天山深处呼图壁康家石门子岩画的发现，揭开了新疆天山青铜时代考古研究的重要一页。这处岩画展示了青铜时代天山腹地居民精神生活的另一层面的景观。它的发现，对于我们破解天山与欧亚之间青铜时代历史之谜的意义，有点像"罗塞塔碑"的发现和释读对破解古埃及历史之谜的意义，有近似类同的地方。不久前，我们在公开发表的一篇论文里，也将康家石门子岩画，比喻成刻在岩壁上的"罗塞塔碑"。

深山岩壁上的人物群像

考古的历史告诉我们，世界上许多重大的考古发现常常出于偶然。20 世纪 80 年代的一天，呼图壁县地名办的主任李志昌，正在翻阅县里的地名图志，无意间留神于一个奇怪的地名——雀儿沟，也被当地人称为康家石门子。为什么会有这样奇怪的名字，李志昌心生窦疑，便骑马顺沟去看个究竟。李志昌骑马来到康家石门子，见眼前的山头很独特，面南坐北、山势壁直，岩体泛红，山峦层叠，像是写意的一座高耸楼盘，当地人喻其为"上海大厦"。山体的下部距地面还有数米的平坦石面，刻绘的大小不一的成组人物密密麻麻，赫然眼前。李志昌兴奋无比，连续拍照。在康家石门子发现岩画的消息不翼而飞，辗转被考古学家王炳华先生所知。1987 年深秋，我才工作不久，便随着王先生一行数人调查了这幅岩画。记得那天，路弯沟狭，曲径通幽，突然峡谷洞开，巨大山体迎面矗立，抬头仰视那巨幅历史画面赫然眼前，雄奇、神秘，令人震撼。后来，

康家石门子地形 |

王炳华先生又多次深入实地考察，面对画面上的人群集体，沉心静思，窥视到了岩画深藏着的丝丝玄机。

赤裸画面的生殖崇拜

康家石门子岩画，被学术界认为是欧亚腹地最著名的一幅以人物为题材的岩画。自它发现以后，一直被考古、历史、宗教和美术界的研究者们关注，被誉为"雕刻在岩壁上面的史页"。

下面让我们仔细回顾一下这幅岩画，岩画画面东西长约 14 米，高约 9 米，面积约 120 平方米。其上满布大小不等、形态各异的人物，所刻人物形体大者过真人，小者仅 10 厘米，刻像有男有女，或站或卧、或衣或裸。王炳华先生分九组来描述它。第一组，居于岩壁最上方，有

一列裸体的女性在群舞着，侧下有一个斜卧的男性。这一组共刻画 10 个人物形象，其中女性 9 人，由右向左逐渐缩小。间隙里有一组对马图形，一为雌对马，一为雄对马。那作斜卧状的男性，裸体，通体涂朱，生殖器勃起直向 9 位舞蹈女性。第二组，位于第一组的左下方，最突出的是一个高大如同真人的双头同体人像，在双体人像的周围，布列着一些裸体男性形象。第三组居第二组左侧，是由四五个裸体的男性，环绕着一个躺卧、屈腿、交合中的男女图像。卧姿的女性，蛙状仰卧，双腿叉开，右手上举，左手下垂向阴部，用浮雕手法表现了隆起的乳房。与其交合的男性高大魁梧，腹部有一人头。从这幅画面分析，可知岩画的创作者，已经意识到了男性在孕育子嗣、创造新生命过程中的作用。第四组居第三组的左上方，画面的主体部分是双虎猴面人及交媾图。猴面人下面是两只雄虎，一大一小，头均偏向右方，通体刻画条状斑纹，虎鞭勃起。在虎的周围，有三张弓箭，满弓蓄势。第五组居双头同体人像的右下方，包括明显隐喻性交媾动作的男女，还有一群欢跳的小人。其右侧显示的是两男一女的交合动作，此外，还有一些显示阳具的男子形象，在双头同体人右方，站立一男子，左手持勃起的生殖器指向对面一"亭亭玉立"的女性，并作热烈而整齐的舞蹈动作。第六组位于第五组的右侧，这组画面的一些人物形象已不清楚，突出的是画面的中心部分，直立一个穿长裙的女性。第七组位于第六组下方，主体刻画的是一列做整齐舞蹈动作的小人，排成一排，清晰可数者 31 人，舞蹈小人的两侧各有一个较大的男性个体，都清楚地显示阳具。在这列舞蹈小人的左右上部，还隐约可以看见七八个头像。第八组位于第七组的右方，东西延展 10 米，画面中心部位，可以见到一个身姿造型相当标准的女性形象，在女性中有一些男性，男根勃起，与第七组相连的还有一列小人，约 10 人左右。第九组，画面中只有一位形体高大的男性，伸出一特别长的生殖器，指向前方。整个画面，几组男女正在交媾与欢快地舞蹈，奔放恣意的忘情场面，堪称原始狂欢节浓情烈意的艺术再现。色性天成支配下的原始信仰，经过无拘无束的艺术夸张，表现得那样浓郁和强烈，刺激感观的原始风味艺术，无以复制的快意表达，透过石面，无遮无掩，淋漓尽致地宣泄了出来。

康家石门岩画 |

岩画作者创作时代之争

康家石门子岩画的调查者和研究者王炳华说，呼图壁岩画是一幅举世罕见、以表现生殖崇拜为主题的岩刻画，这自然不错。关于岩画制作的年代，他认为是创作于公元前一千纪前半叶的某时。岩画的制作者和当时活动在天山深处的塞人有关。此说即出，即被多领域的学者接受，无人再打破砂锅，刨根问底。

2005 年秋的一天，我随同新疆文物局文物鉴定组的成员，来到呼图壁县文管所。所长张风祝先生搬出了一尊高 60 公分左右的石人，请我们分辨，他取名为"双性石人"。张风祝介绍说"双性石人"偶然发现于康家岩画附近的一处遗址。那天，我按捺不住兴奋的心情，一遍又一遍审视这件奇世异宝，陷入沉思，想着能从石人刻绘风格图案中，揣摩出些什么端倪。突然间，觉得这一"双性石人"与当时正引起国内外学界震动的小河墓地，似乎存在着某种历史的联系，有着相近的历史背影。

人类在自然岩面上作画已经有相当久远的历史，大概可以追溯到数万年前的旧石器时代晚期。那时是岩绘画，著名的比如发现于欧洲旧石器时代晚期的洞穴岩画。用刻线平磨的方法，在岩面作画的时代要晚一些，它的产生源于山地狩猎者的艺术灵感，最早始于旧石器时代末期，新石器时代渐渐多了起来，公元前三千纪到两千纪间的青铜时代开始流行，繁盛于公元前 1000 年以后游牧经济全盛发展的早期铁器时代，汉代前后渐渐消失。史前岩画是世界文化现象，岩画的研究也是一门世界性的学问。岩画学自其作为一门学问以来，最大的困难是岩画的断代，尤其是史前岩画的年代问题，是长期制约岩画学发展的瓶颈。岩画大多缺少地层，暴露山野，缺少共存的其他器物组合进行旁证，自身又不标注制作年代。所以，即便是像康家石门子这样艺术风格突出、文化内涵明确、文化因素复杂的巨型岩画，要判断它的年代也是极为困难的事。王炳华认为康家岩画制作于公元前一千纪前半叶的某个世纪，此后，各领域的专家学者，在引用这幅岩画时，都会照搬王先生的年代观，从不质疑。也有个别学者，隐约地感到呼图壁岩画的年代不应该晚到早期铁器时代，似乎是青铜时代作品，但苦于拿不出实证，难以深入论述。

从呼图壁县回来后，我将康家门石子岩画含有的文化因素，与小河墓地

康家石门子的"双性石人"

相关文化因素纵横对比，细心揣测，感到康家石门子岩画创造的年代和创作者的真正谜底，渐渐雾里现山，浮出水面。近来，学术知音李树辉先生，在 2013 年第 4 期的《西北民族大学学报》，刊发了一篇《康家石门子岩画的创作者和创作时代》，认为呼壁县康家石门子岩画为"公元前201 年至公元前 176 年之间或更晚"的月氏人所绘。这给本来就模糊难定的呼图壁岩画年代问题，新添旁枝别蔓，更具离奇难定的复杂因素，更督促我对康家石门子岩画问题，再做探究。

岩画人物与墓地干尸

岩画年代疑谜难明的状态下，破解它的唯一方法，是运用由已知导出未知这一类似数学命题的方法。岩画学的发展，步履之所以如此缓慢，究其原因，正是苦于已知条件的缺乏。出土于康家石门子附近的双性石人，它是远古时代康家石门子居民在庄重的大型狂欢祭祀活动中使用的圣物吗？康家石门子岩画，双性石人与罗布泊小河人之间又存在怎样的联系？

小河墓地以及其代表的考古文化——小河文化，在青铜之路上所占据的重要位置，后面还要重点介绍。小河文化在塔里木盆地东部区域存在的年代，上限早于公元前 2000 年，下限晚到了公元前两千纪中叶前后，这个时段，中亚北部草原居民南下天山正处在风口浪尖上。下面，我们将康家岩画、双性石人及小河墓地彼此间的联系的相关因素进行罗列，简要地进行比较。

其一，康家岩画人物的身体，特别是上身都磨刻成三角形。小河人制作的木雕人像和石雕人像，表现手法与康家岩画风格极为接近，也表现成三角状；其二，小河墓地常见随葬长约 10 厘米的木雕人面像，这些人面像突出的特征是极度夸张的鼻子，突出的鼻子占据了人面大部，使其他面部器官成为点缀而已；康家岩画人面部，也突出表现鼻子，长而弓凸的鼻梁占据了人面的大部；其三，"双性石人"面部所刻深眼小嘴，与岩画人物面部风格接近。石人的女阴刻绘特征突出，四周起凸缘，中间四平，上端连接出方形凸棱，整体似桨形；小河墓地所有的男性墓葬前都立有一女阴立木，大小不同，形态似桨，与"双性石人"表现的女阴形状完全一致；其四，康家岩画人物一部分涂成红色，一部分涂以白色。历经数千年风雨，一些人物的身体和脸部的红色和白色痕迹依然明显，康家岩画原本还是一幅艳丽的彩色绘画；小河墓地许多干尸保存完好，墓地一至三层墓葬中的死者面部、身体上普遍发现涂有乳白色浆状物质，白色浆状层下再涂画一层红色线条；小河墓地常见的木雕人面像，面部都涂成红色；其五，王炳华最初认为康家岩画人物戴的是塞人的高尖帽，并以此作为判断岩画主人为塞人的关键证据。随着大量实物的发现，现在看来他们戴的并不是塞人的高尖帽，而是一类圆平顶

康家石门子岩画
与小河墓地比较图

的筒形高帽。这一类型的帽子也为小河人所戴；其六，康家岩画人物头戴的帽子上的帽饰，一般由帽顶向上绘出平行细线，上端向外弯曲。也发现有用三四条或多条细线表示帽饰的情况，此前学者普遍同意这表示的是翎羽。小河人戴的高顶毡帽均插翎羽，且因性别不同所插的翎羽也有所区别，男性毡帽上插排状羽饰，女性毡帽上插单杆羽饰。树辉兄正是没有认出岩画人物帽子上的弧曲线条表示的是翎羽，误断为牛角，顺此下去，终导出错误结论。这样的互通相

联的文化因素,随着小河墓地材料的全面整理,一定还会不断有新的发现。不过,仅就以上所列,就有绝非偶然之感。我们完全有自信地这样认为,小河人和呼图壁康家石门子人,是处于天山地区相同文化圈里的人群,他们年代一致,人群彼此相知。

岩画、墓地文脉同流

小河人与康家岩画的作者,文化脉络出自同道一门的观点,更充分体现到两者的整个文化特质上。单从遗存的形式来看,小河墓地与康家岩画,两者相差万里,但都普遍存在通过对男女生殖器官形象、具体、夸张的描绘与雕刻,并利用三角等象征符号进行重复表述,来表现浓郁的生殖崇拜和丰产信仰。康家石门子的远古居民,利用平面画的有利条件,直接描绘男女交欢场面。小河墓地和康家岩画都用夸张的手法、反复再现的手段,营造浓郁炽热的以性色为基础的生殖崇拜信仰和文化氛围,表现出强烈的文化共性。看来,康家岩画,未必像学术界似成定论的那样,是公元前一千纪中叶前后塞人的作品。其年代可能还要早上一千多年,很可能追溯到公元前两千年前后。那时,西来北下的中亚草原人群迁入天山腹地的浪潮刚刚掀起,康家石门子岩画,或许就是他们途经这里插下的一面鲜艳旗帜。康家岩画年代的再度探讨,打开了青铜之路研究的另一扇门窗。

双马神迁徙的足迹

康家石门子岩画是大型人物狂欢舞蹈岩画,主题反映色性生殖。在热闹无限的群体人物间,夹绘着两组对马图。双马相向对立,马头、马前后脚对称相接,表现出亲密无间的样子。有学者称其为双马神。

北京大学的林梅村先生注意到,最早的双马神像出自黑海里海北岸的亚姆纳雅文化。这一文化出土过一件石雕人像,人像图的下部刻有双马图，其年代在公元前 3600 年到公元前 2200 年间。前面讲到，公元前三千纪开始，亚姆纳雅人群西迁，揭开了新的一轮欧亚草源人群自西向东移动的篇章。亚姆纳雅人也是目前所知最早信奉双马神的人群。

2011 年，笔者带领研究生来到阿尔泰山脉的南麓调查。我们翻山越岭，在一峭壁突兀的山前，找到一个不起眼的圆口山洞。洞内开阔，四壁见有细棱状狭长裂缝，令人倍感神秘。仰视岩面，见有群体舞蹈人物的红色彩绘，虽有漫漶，亦可看出是男女欢快的对舞形象。人像中间，意外地发现有彩绘的双马图，因时代久远，彩绘有些漫漶脱落，双马的图像不太清晰，意境犹存。阿尔泰山洞里与双马神像的不期而遇，让我梳理出一条双马神跨文化传播的线索。双马神崇拜作为象征性极强的一个文化符号，它自黑海里海北岸的大草原出发，南向传播，传至伊朗高原。伊朗的卢里斯坦史前遗址，曾出土过一件青铜的双马神像，伊朗的锡亚尔克遗址出土的陶器上，也见到过彩绘的双马神像。铜制双马像和彩绘的双马神像的年代，都在公元前 1000 年前后。林梅村先生还介绍过一件称为"米坦尼协约"的历史文件，是公元前 1380 年赫梯人和米坦尼两国所订。协约中记录了一组雅利安神，其中就包括有双马神。可见，最早出现在欧亚北部草原的双马神，南向绿洲区域的传播，完成的时代，不晚于公元前 1000 年以前。

康家石门岩画中的双马神

"ㄅ"符号的迁徙

康家岩画人物的姿势，奇异独特，成群的男女人物并排错落，密集地站在一起，一手上举，一手下垂。动作举止完全一致，是一种模式，是有深刻寓意的体势符号。王炳华先生最初将其解释为舞蹈的形象，因其动作激烈、情绪高涨，戏称之为"古代迪斯科"。

康家石门子的舞蹈姿势

一天晚上，我对照康家岩画的照片，一边翻阅资料，一边思索，意外地在汤惠生和张文华所著的《青海岩画——史前艺术中二元对立思维及其观念的研究》一书中，发现他们引用了出自匈牙利和保加利亚等地新石器时代的陶器材料，所绘女性形象，其一手上举、一手下垂，汤惠生认为其体态是蹲踞，我却认为其人物的动作和形体结构，与康家岩画的舞蹈符号，同出一辙。这些陶器最早的年代可追溯至公元前六千纪中叶前后。美国著名的考古学家金布塔斯，说这些女性人物都是生殖女神。进一步观察，还有一些时代较晚的人体姿势，更为简化，成了特殊寓意的符号。这个有特殊寓意的符号，明显就是"卐"字符。

"卐"符号，源于西方，首先在西方世界流行。国学大师饶宗颐先生对这个符号在世界各地的发现与流行情况做过梳理。"卐"符号出现的历史悠久，今天的人们已经很难查到"卐"符号最早起源的具体时间和地点。大体上讲，它很可能最早出现在美索不达米亚的两河流域，时代可以追溯到距今 7000 年以前。此后，"卐"符号，带着它特有的寓意，向周边区域传播，经过漫长的时间，成为世界诸多民族共享的符号。

公元前三千纪，埃及的法老和印度哈拉巴人中的贵族，已经把"卐"字的图形当成具有神力的符号。公元前三千纪后期，青铜时代晚期欧洲地区和中亚西部地区，"卐"更为普遍，并且以各种变形的样子，被开拓到其他各种器物上面。中亚北部青铜时代的陶器上，刻画或压印出一排相连的"卐"字。"卐"符号流入我国，长时期内，一些学者将其与佛教的东传联系起来，认为它随着佛教的东传流入东土。实际上，很早的时候，中原出土和传世的战国时期的青铜器上，就有铸"卐"字符。上世纪的后半叶，考古学家们在整理青海马厂类型陶器时，见到很多抽象符号，最醒目和最难破解的当属"卐"符号。马厂文化的彩陶女们，在陶器器表绘"卐"符号的时候，不是墨守成规，而是做了

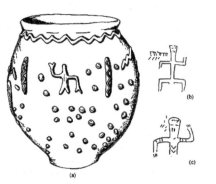

许多的加工与变形。或绘于器底代替"人面蛙纹"，或夹绘到四大圆圈之间——马厂文化类型发现的"卐"符，一时让考古学家惊诧不已。面对这个风一样地，不知从何处刮来，

| 东欧新石器时代陶器的舞者

突然降临、顿成气候的"卐"符，考古学家无不有莫名之惑。

"卐"符有何神力

饶宗颐先生称"卐"符号是世界符号，一点都不为过。它产生于西方新石器时代，四向流布，穿越时空，一直到现代。东西万里余，前后七千年。在整个欧亚文明史进程中，它的迁徙广布欧亚，网状分布。

"卐"如此自由，跨文化、越时空，游历于东西之间。这符号一定有什么特殊的神功、凝聚其身的文化力量，才有如此的强势和无与伦比的穿透力。要破解这个问题，归根到底，还是"卐"符号的原型和最初的功能寓意问题，这也是国际学术界就历史符号的象征问题，争论最

久，最莫衷一是的例证。随便翻翻，便有女性生殖说、雷电说、火崇拜说、太阳说、风说等等，不一而足，各有雄辩。结合近年来的考古发现与前沿的学术研究看，这一世界符号的原形和原始寓意，应该有望破解。著名的考古学家金布塔斯认为，"卐"符号最早之根，源于女性的生殖神力，可以说是找到了谜底。"卐"符号正是蕴涵着这样的深层寓意，才洞穿了欧亚历史。在西方，它很快成为丰产女神的符号标志，材料不胜枚举，这只要看看芮传明、余太山著的《中西纹饰比较》(上海古籍出版社，1995年)就清楚了。芮传明、余太山举出的例证中，有一件出自特洛伊的第三城遗址，是一件铅制的丰产女神，她的私阴之处，标识的就是简化了的"卐"字符，是对"卐"符号原初寓意的最直接的标注。社会的记忆悠久而绵长，上世纪初，法国人伯希和的考察队走到新疆库车，在一个叫吐勒都尔——阿库尔的遗址进行发掘，他们在一个垃圾堆里，找到了两块刻有符号的土坯。一块土块上男根、阴茎和睾丸毕现，另一块上刻有"卐"字符，无疑代表女阴。"卐"的神力所在，赫然在目，这些考古材料，可以给诸多的争论关于"卐"符原具神力画一个终止符。它包含着人类自新石器时代以来，以女性的生殖符号为标志，渴望异性与生殖的原始欲望，凝聚和沉淀成了宗教情结极强的文化符号。这一情结，是人类生存之基，生命之需，也是文化发生的源与流。"卐"符号有了这样的神力，才与其他难以胜数的象征符号区别开来，一枝独秀，跨越欧亚，跨越差异万千的文化区域，酿成了世界性的群体记忆，被不同文化群体的人群接受和传承。

"卐"符号流入东亚

具有广泛社会基础和历史记忆功能的"卐"字符，沿着青铜之路，流入新疆，继而东传，足迹明显。新疆裕民县巴尔达库尔山发现一处岩画，画面是用磨刻的技法表现人物交媾内容。岩画中有的人物头上装饰数根翎羽，有的人物也绘成一手上举、一手下垂的姿势，其文化内涵、风格和时代与呼图壁岩画风格一致。岩画点位于准噶尔盆地西北，向西是通往中亚的一条古老的重要通道。境外的阿尔泰山麓的一些独立的石头上，刻画有双人对舞的画面，我们举出两例。其中的一块石头上，刻画双人舞，画面人物身长脚短，右侧的人物表现单腿，左侧人物表现双腿，相向屈步，呈对舞形象。双手呈直角屈举，一手向上、一手向下，头部表现为蒜头状，双拳握成蘑菇状。男性夸张生殖器，生殖器直对相接，中间为圆球状，右侧人物显得粗壮，还加有短尾饰。另一块石头，岩画内容与前述姿势基本相同，只是人物呈直立状，两对舞者均加头饰，左侧人物为双腿，加尾饰。这些无疑都是已经模式化的"卐"符号的人体表现形式。

"卐"符号的人体表现形式，集中和集体地发现在康家石门子岩画上，这为探寻"卐"符传播的路径，提供了重要的基础材料。它可以和双马神像相提并论，它们传播的足迹也可以相辅互证，都是远古时代行走在青铜之路上的人群的符号印记。只是双马之神，具有更明显的文化人群标识的意义而已，它是特定人群崇拜的神祇系统的重要成员，可以说它是这些原始人群的图腾之一，也不为过，它随着特定的人群，自有其传播线路。"卐"是欧亚历史上更多人群的共享符号，便获得了更为自由的传播权利，因而它顺当地沿青铜之路，出现在河西地区的马厂文化类型人群中。它又继续东行，深入到中原文化核心区。饶宗颐先生介绍了他在甲骨文中的发现，饶先生认出商晚武丁时期的卜辞中，"卐"字屡有出现。有学者解释为一类天象，是云气象征。但更多场合下，被认为是王室祭典时跳的神舞，这种舞蹈即"卐"字舞，或为舞者的人名。著名古文字学家裘锡圭说，"万显然是主要从事舞乐工作的人"，

"万舞是商族的传统祭祀乐舞"。在商王室跳舞的人，不是别人，正是此前一统了华夏的夏人。夏人善舞，史书里曾多次提到过。夏人跳的舞，原来竟是由西方经西域

米洛斯岛上的希腊壶上的"卐"字符

传过来的"卐"舞，这背后的复杂的故事，怎不让人在惊叹之余，陷入沉思。对这些复杂历史故事的思考，我们也将留在《彩陶与青铜的对话》一书中细说。这里想多说一句的是，康家石门子的人群，如痴如狂，跳着性渴望与期冀生殖为内核的"卐"字舞，穿越时空，顺着历史，沉淀为西域善舞民族传统舞蹈的核心符号。早到汉唐时期的胡旋舞，晚到当代新疆民间的木卡姆舞，其中"卐"字舞的基因，如细心察之，便昭然显现。

| 阿尔泰山北麓岩面上的对舞者

新疆阿尔泰山洞发现的对舞者 |

草原人群和南下

公元前三千纪下半叶开始，生活在中亚北部额尔齐斯河中游阿尔

| 龟兹地区唐代土坯块上 "卐" 符号

泰——萨彦岭一带原始公社的居民，在成功地开发了这一带铜矿后，又继续南下，逐渐掀起了青铜时代中亚东部历史上南北向人群迁徙运动的新潮流。西北——东南横卧中亚草原的阿尔泰山脉，起着桥梁和传承作用。阿尔泰和天山相比，这里山区的山岭算不上高大险峻，额尔齐斯河及其众多支流河谷也多宽大，不像天山深处，天悬狭壁，层峦迭出。阿尔泰山的宽谷走廊贯穿天体，河流两岸还有面积广大的阶地，地势平坦。阿尔泰山区内部河系支流间，通过这些宽谷相连，一般没有难以逾越的地理障碍，有时只不过是需要绕路而已。山地的森林间续相望，顺着当地老猎人们走习惯的山路，走路或骑马，很容易与外界沟通。青铜时代南下进入准噶尔盆地，大规模的人群更多地选择环山沿河运动，天山是他们的主要目标。公元前三千纪下半叶后段的某个世纪、某个年代，南下先头部队的一支，很可能在开采和贩运了伊犁河上游支流、天山腹地的那著名的奴拉赛铜矿过程中，有了巨大收益，人群集团不断壮大；有一分支来到康家石门子的天山峡谷里，发现这是一处可与神灵交接的圣

| 马厂文化陶器上的 "卐" 符号

所，氏族或部落的人群，特别是成年男女相约在这里聚会。在原始和神圣外衣的保护下，狂欢的氛围浓烈炽热，性色释放把聚会推向高潮，被今人重新发现的康家石门子之舞，将远古历史的一瞬永久定格，途径康家石门子的这支人群，继而南下东进，揭开了东亚历史全新的一页。

古楼兰神秘的史前居民

罗布淖尔三角洲

阿尔泰南下天山的人群连绵不断，他们成群结队，穿越了天山间的山谷走廊，来到塔里木盆地，走向罗布淖尔三角洲。

塔里木河自古是南疆居民的母亲河，它源于西部高山，由小溪汇流成川。滚滚东去的塔里木河，在流动起伏、浩渺无垠的沙海里，弯弯曲曲，似盘蛇缓行。塔河主干及其支流，像是西东沉卧在沙海的巨树分桠。西端的树根，深扎环山的山体，支系发达，密布成网。主干中下游，依流沙地貌，枝头蔓延。河的主干分系两岸，大小不一，形态万千的绿洲成片成行，像是塔河枝繁叶茂上结出的绿色硕果。由阿尔泰山南下的人群，沿塔里木河绿色走廊，东向而下，一路坦途。公元前三千纪末，先头的一支，出现在塔里木盆地东北隅的罗布淖尔三角洲。

罗布淖尔三角洲，是塔里木盆地最后的汇水地带。环山麓地带，塔里木河及其重要支流孔雀河，最后容纳了这些毛细支流，汇成巨川，流入罗布湖。初来到这里的小河人群，发现这里的环境相当优美：大小水道冲积成连绵的绿洲，胡杨树成片成带。干旱区特有动植物群落成群出没，河里鱼群相伴潜伏，随水游弋，形体大者堪比独木小舟，便在此定居。甚至到了近代，一些地方仍是鱼水之乡，上个世纪初，瑞典探险家斯文•赫定，曾划小舟荡漾塔河，网住数尺巨鱼，一人难抱。岁月流转，沧海桑田，今天的罗布淖尔已是流沙无尽，满目雅丹戈壁，沦为死亡之海。

一千口棺材的地方

瑞典人斯文•赫定是一名伟大的地理学家，也是一名影响力巨大的探险家。上个世纪初，新疆、西藏、甘肃、内蒙古等中国西北地区系列的地理与古代遗迹的发现过程里，很多都见到他的身影。

1895—1896 年、1900—1901 年和 1934 年，斯文•赫定三次进入罗布泊荒原考察。1900 年，斯文•赫定第一次来到库鲁克河进行测绘，完成了既定任务，要赶到西藏。途中发现丢失了一

沙海里的塔里木河 |

把铁锹。小小的铁锹对于行进在戈壁沙漠里的探险队，至关重要。斯文•赫定吩咐探险队中的当地向导奥尔得克回头寻找那把铁锹。奥尔得克在寻找铁锹的过程中，遭遇风暴，避险进入一座古城。奥尔德克与铁锹和风暴的奇缘，最终使得一座影响西域考古一个世纪的著名古城被发

现了，这就是楼兰古城。此后，美国人、英国人、日本人等纷至沓来，塔里木盆地一度热闹起来，成为西方殖民分子掠夺我国文化珍宝的乐园。其中最著名是英国人斯坦因和他的探险队。斯坦因在罗布荒原地区发掘和采集的文物难以计数。其中，有几处不起眼的墓葬，与他过去熟悉的汉晋遗物完全不一样，斯坦因判断它们是时代比较早的当地土著人的墓葬。斯坦因的探险队，还光顾了孔雀河古墓沟的太阳墓地。

时光荏苒，转眼进入1934年，斯文•赫定第3次来到新疆罗布洼地。此次他是作为中瑞西北科学考察团瑞方团长，带着他的一名学生贝格曼，他的老朋友奥尔德克也一路相随。奥尔德克将自己在沙海中发现"埋有一千口棺材"墓地的事儿，告诉他们，斯文•赫定后来回忆到"奥尔德克经常来到我们的帐篷前，信口开河地讲述他经历的细节，我和贝格曼虽然不能完全相信，但这些富有诱惑力的描述听起来还是有些根据"。斯文•赫定把寻找这处神秘墓地的任务交给了贝格曼。这样，贝格曼带领一支考古队，以奥尔德克为向导沿着孔雀河向南的一条支流行进。这是一条不知名并且早已干枯的小河床，贝格曼随意给它起了个名字——小河。接近盛夏，沙漠热浪滚浮，历经曲折，到了6月初，考古队在茫茫沙海，苦苦寻觅了数十天后，那个神秘之所，依然还是奥尔德克嘴里的传说。就在考古队几乎要放弃继续寻找的那个早上，在东方的地平线上，耸立在沙海中的木柱，在晨光里时隐时现：小河墓地就这样突然出现在人们眼前。

推想作为考古学家的贝格曼，首次进入小河墓地，被眼前的一切惊住的同时，心里一定有万分的敬畏，后来的一切，告诉我们这个推想完全成立。一切都严格地按考古学的程序，有条不紊地进行。贝格曼除了做一些必要的考古调查和清理外，并没有深度惊扰这处墓地。应该感谢贝格曼，是他留下了这处世界级的文化遗产。想来是有些后怕，当初第一个步入小河墓地的，如果不是贝格曼，换成斯坦因等探险分子，此前，他们已经疯狂和和肆虐地盗掘了西北的大量遗宝。这处世界级的文化遗产，将满目疮痍或不复存在。1936年，贝格曼在斯德哥尔摩公布了他在塔克拉玛干沙漠里的发现，引起西方学术界的哗然。小河墓地一时成为许多人追梦的对象。然而，其后的六十多年间，小河墓地真的就像一个美丽的传说，随风远去，再度沉匿沙海。

"太阳墓地" 的意外发现

1979年的11月，中央电视台大型纪录片《丝绸之路》拍摄组，组织新疆考古学家参与楼兰考察探险活动。考察队兵分两路，第二路从乌鲁木齐出发，经和硕县马兰穿越库鲁克山，沿孔雀河北岸东行，以便与由敦煌出发的第一先遣队会师楼兰。

1979年11月20日，考察队到了南距孔雀河主河道两公里多的地方，在流沙戈壁中，见有围成同心圆形状的簇簇列木，随着风吹沙动，时显时隐。这让考古队员们兴奋不已。"这一定是古代墓葬"！这处意外发现的墓地，后来被命名为孔雀河古墓沟墓地。领队王炳华先生当即决定驻队发掘。沙漠发掘，人力难觅，考察队在人民解放军驻疆某部的配合下，才完成了中国学人第一次西域沙漠的考古。

墓地有截然不同的两种类型的墓葬，一种是普通的竖穴沙室墓，即在沙层里挖一长方形的小坑，置木棺纳单尸。另一类型的墓葬，墓室与前一类相同，只是其地表，有着复杂独特的结构标志。流沙地表有七圈环状的木柱，木柱以同心圆形向外分布，木柱内粗外细。圈外是呈放射状的线性列木，井然有序，俯视像光芒四射的太阳蔚为壮观。不容置疑，这是罕见的、有典型意味的太阳崇拜遗存，后来的人们便习惯地称这一墓地为太阳墓地。这样的墓葬共有6座，墓室结构简单普通，室内随葬品极少。鉴定结果表明，所葬者竟为清一色的男性成年，颇令人费解。"太阳墓"的地表，每一座都需要用数以百根的木柱，精心围成四射的太阳图案，而墓室的墓主，则随葬品相对匮乏。墓葬地表如此复杂安排，当别有深意。看来，这类墓葬的祭祀功能要远远大于埋葬功能。也就是说，一座座的"太阳墓"，实则就是一座座祭祀太阳的祭坛。孔雀河古墓沟的死者，一般身裹毛织披风，头戴护耳毡帽，帽檐插着鸟羽，有的还戴颈链、手链。普遍随葬品为小草篓，小篓中装着小麦粒和白色糊状物。小麦保存较好，粒粒饱满。牛、羊骨也是最常见的随葬品，共出土牛羊角 26 支。孔雀河古墓沟常见的草编器、斗篷，还有死者那深目钩鼻、头发黄褐的干尸头颅，很是熟悉，它和贝格曼《新疆考古记》中介绍的小河墓地的情况较为相似。经 C14 测定古墓沟墓葬的年代距今 3800 年左右。这是学者们第一次获得有关于古墓沟、小河等楼兰史前遗存的大致时间概念。

中国学者初入小河

小河墓地究竟在哪里？在孔雀河古墓沟墓地发现 20 余年后，到了千纪将要结束的时候，小河墓地依旧还是个缥缈的传说。

2000 年的深冬，深圳《西域纪行》摄制组，开始了千纪末的小河探险之旅。新疆考古学家王炳华先生随行。寻找梦中的小河，依旧是一代新疆考古学人的宿愿。考察队借助地球卫星的定位仪，对照贝格曼的路线图，考察队离开孔雀河主道南行，按图索骥。2000 年 12 月底，一直被传得沸沸扬扬，雾里看花般的神秘古迹，终于出现在中国学者的面前。小河墓地再度被发现，引起了国内外学界的震动，媒体推波助澜称，学界翘首，社会呼应，小河考古一时成为焦点。当然，还有躲在阴暗角落，随时准备出入沙漠戈壁，并已经屡屡得手，给新疆文化遗产造成巨大损失的盗墓蟊贼，抢救发掘小河墓地，立刻被推到中国考古的风口浪尖。

孔雀河古墓沟的太阳墓葬

死神的立柱殿堂

2002 年，国家文物局批准小河发掘项目。2002 年到 2004 年，以伊弟利斯·阿不都热苏勒为队长的小河考古队，深入沙漠，展开了空前的考古会战。三个年头里，小河墓地总计发掘墓葬 167 座，出土的文物数以千计，采集古尸标本 30 多具。小河的全面发掘，给历史学考古学界带来的冲击，深刻深远。小河墓地几乎以接近最原始的面貌、至微的细节，保存着那段远古时代的致密信息。

1934 年，贝格曼驻足小河时，被它神秘的墓表形制所震惊。贝格曼称这里是一处"死神的立柱殿堂"。贝格曼在考古报告里这样描述："这座'死神的立柱殿堂'曾笼罩在一片耀眼的红色之中。人们将这些木质纪念物涂成红色，缘于对魔法的敬畏肯定大于对美学的追求，红色是血的颜色，即生命的颜色。"60 年后，中国学者第一次来到小河。远远地向南望去，小河墓地在一片平缓起伏的沙丘里，突兀地凸起。它的外形像一座椭圆形的沙山，高出地表 7 余米，沙山表面密密丛丛矗立着胡杨木柱百余根，犹如沙海中的一片丛林，一些木柱似有规律地排列着，还有的用 6 根，有的 8 根木柱，围成一个圆圈。当年，贝格曼曾注意到密林里木柱高耸端部都有人工砍削的阶台，为此，他做出推测说："柱子的顶部应有某种用芦苇类的轻型材料搭建的顶，但很早以前就被风吹离了"。贝氏怀疑小河墓地那些木柱的上部，原本盖着草棚子，即小河墓地上面有一巨大的草盖。如果贝格曼的猜想属实，这将是多么壮观神奇的景象呢！

祭祀柱与棺前的立木

小河墓地的全面发掘，给我们展现的不仅是一幅小河人丧葬活动的全景图，同时也让我们真切感到小河集团社会结构的复杂程度，以及社会控制能力所达到的相当高度。

先说墓地地表，那些密集排列的木柱，无疑与祭典活动有关。祭祀木柱是用巨大的胡杨木制成，高低不一，一般在三四米。被沙掩压的木柱的根基部分，用矿物染料赭石染成红色，有的柱体上依稀有红迹。小河墓地全面发掘之初，考古队员每每仰视密集错落的神柱，疑问挥之不去。终于有一天，人们发现祭祀柱那个尖头的阶台，原来是为用草绳皮条捆绑高悬的牛头而特意刻削。高耸的牛头牛面切割整齐，且经过修整，面部还绘着红色的几何图案。当年的小河墓地，一片耀眼的红色木柱高耸高悬的牛头密密匝匝、错落有致。这些牛头，当是小河人向太阳贡献的。

随着发掘的进行，沙丘上不断地露出高低不一，间错稀疏或密集成

| 红色的森林殿堂

片的桨形立木和柱状立柱。这两类立木因死者的性别不同而有所区别，男性棺前为桨形立木，而女性棺前立柱状立木，尤其是桨形立木，特征明显，耐人寻味。1934年，贝格曼采集了数件桨形立木，做了

一番分析。他认为这些桨形立木"预示着埋葬在这里的人们生前经常划桨"。在贝格曼看来，小河人是划着小船渡往生命彼岸世界的。不过，令人疑惑的是如果男性棺前的桨形立木是船桨，那女性棺前的柱状立木又是什么呢，难道女人死后灵魂不到彼岸世界？随着发掘工作的展开，特别是女性墓室内普遍发现的木祖，考古队员越来越明确地感到，当年的小河人群对生殖的极度渴求，他们拥有炽热的生殖信仰。对这些立木所含的寓意，也豁然洞开：小河墓葬男女棺前的不同立木，分别是男性和女性的生殖标志。

女性棺前的柱状立木，形制上略有不同，有的为上下均匀的多棱形木柱，有的上部为粗的多棱柱、下部则为细的圆柱，木柱端头均涂红，缠一段毛绳，绳下固定草束。只要略为细心地观察，这是对男根极其细致入微的形象描述。男性棺前桨形立木大小、宽窄差别很大。有的外形

女性棺前象征男根的立木

男性棺前象征女阴的立木

接近于实际的船桨，有的"桨叶"很小，而"桨柄"极长，长达3米多；有的"桨叶"极宽，约七八十厘米，但桨柄很短，只有二三十厘米。"桨叶"全部用木炭涂黑，"桨柄"部分涂红，涂红处刻出7道旋纹。与女性棺前男根立木相呼应，男性棺前桨形立木是女阴的象征，以桨形表现女阴，并不是凭空想象，而是对完整的女性外生殖器官的高度

的夸张。棺前男根、女阴立木之所以有大小之别，当别有所指，除去墓主人身份地位、贫富有别等等推测之外，也很可能与墓主人生前具有的生殖能力有关系。

守护墓地的木神像

1934 年，贝格曼调查小河墓地时，在墓地的地表采集到这样两具木雕人像：一具高 143 厘米，平头，刻出五官，眼窝较深，眼微闭，高鼻，口半启，雕出右耳，颈略长，缺双肩，上身细长，前胸略隆，臀部凸起，宽胯。人像双腿叉开，大腿和小腿圆雕显出"肌肉"，膝骨明显，双腿间突显出男性的睾丸，上身略前倾，雕出的面部特征带有非常明显的非蒙古人种特征。第二具高 134 厘米，女性，头部雕成椭圆形，面部平整，尖下颌，侧略显细臂，斜平肩，束腰，大腿和小腿雕得圆鼓，膝关节略呈球形，双腿斜立，刻出双脚。2002 年全面调查小河墓地时，小河考古队员又在墓地采集了三具木雕人像。第一具，通高 305 厘米，下面为基座，人像高 167 厘米，两小腿近腕处见三道凸弦纹；第二具，通高 297 厘米，从膝关节处折为两段，人像高 160 厘米；第三具，通高

222 厘米，未刻出双臂和小腿。这些木雕人像，散在墓地地表。上半部分雕成人形，大小如真人，人或直立或行走，性别特征明显，但未夸张，有的还可以看出生动的面部表情。这类木雕人像，要表现的是现

| 小河墓地南区第二层墓地

实生活中的活人。人像下面是高低不等的基座，贝格曼采集的那两件原来也应有基座，只是缺失了。从人像保存的高度、人像下的基座判断，这类木雕人像，曾矗立在墓地高大如林的祭祀柱之间，基座正是深埋沙层的部分。这五个仿现实真人的木雕人，当初还穿着衣物，只是历经数千年，衣物早已化为尘土。它们是四千年前，守护小河墓地的木雕神像。

走进四千年前的小河墓地

距今已经 4000 年左右的某一天，太阳西斜，阳光的余晖散落进墓地。参差的林木，斑驳散乱，影影绰绰，四周万籁寂静。步入四周一片流沙和胡杨的小河墓地，墓地旁有胡杨林间隔稀疏的小河。这是一片森林般神秘的死神殿堂，密林样排列的高耸祭柱并排傲然于空。柱的顶部，是一层错落的头牛，凌空覆盖墓地。缓步密林，木柱遍布露出了沙面，成片和成排的女阴立木和男根立木，它们高出沙面半米左右。女阴立木露出芭蕉叶状的桨形部分，通体涂黑。男根的

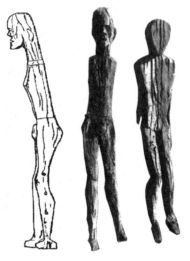

小河墓地守护神（木雕人像）|

立木，露出头端涂红的部分，根部还绑有草束。黑红相衬，间错交混。小心绕过这些密密匝匝的男根女阴立木，不时地还会遇到栽立在地表的木制人物，人物的基座插埋在沙层里，人体部分露出沙面，高约 1 米，形同真人。或许他们还穿着衣物，表情生动丰富，在那里无声静立，他们很可能是墓地的守护神。这就是 4000 年前，步入小河墓地所见和所

感觉到的情景。

一座墓的埋葬过程

小河墓地的墓葬，自下而上分为五层，每一层都有自己独立的布局结构。根据 C14 测年，小河文化持续存在有 500 多年，依据推断，小河墓地每一层形成的大致时间有 100 多年。四千多年前开始，小河人创造的小河文化，这一文化前后有所变化，但文化风格整体保持了相当长时期的一致，说明小河人组成的社会，经历了较长的一个相对稳定的历史阶段。

小河文化的墓葬结构一致，一般是先挖个沙坑，坑中放置棺具，然后在棺前棺后栽竖立木，一墓一棺。木棺由胡杨木制成的弧形侧板、两端有挡、盖板用小木板拼合而成，形似无底的独木舟。木棺上普遍覆盖着牛皮，一般覆盖一张，最多的覆盖五六层，有的还盖有毛织物。牛皮中部多放一把（12 根）红柳枝及一支芦苇，这都是当时的定制，有着特殊的寓意。每个木棺中一般葬敛一人，死者头部基本朝向东，仰身直卧。值得注意的是有少量棺内葬的不是人的尸骸，而是用木头做的"木尸"，木尸多用胡杨木制成，大小仿真人，衣物穿着和随葬品与普通的真人并无多大的差异。有一棺内的"尸体"更为奇特，头是真人的，"尸体"的躯干和四肢用木头做成，是拼合而成的"组合尸体"。还有一具"尸体"，经过医院透视检查，发现这一具全"尸"只有嘴里的

0   20

小河墓地出土的"木尸"

一颗牙是真人牙，其他均为木制。这些奇异"尸体"的背后，一定有着奇特的故事。

小河人入葬时的所穿所戴，风格几乎完全相同。均头戴毡帽，帽上缀有鲜艳的红色毛线，帽檐竖插着飞禽的羽毛，帽檐缀着一或两条伶鼬皮。伶鼬是生活在干旱的沙漠戈壁上的常见动物，穿行在枯杨荒草间。它大小如鼠，是蜥蜴的天敌。死者身上包裹着宽大的毛织斗篷，斗篷边缘捆扎着毛布小包，内裹麻黄草枝、麦粒或者黍粒。打开斗篷，死者裸上身，腰围有毛织腰衣，足蹬短腰皮靴。随葬的物品有一定规律，每墓必放一件盛有食物的草编篓。草篓编织技术高超娴熟，即使放在现在，也是能工巧匠手里的杰作。草篓无颈、微鼓腹，圜圆底，这个样子与中亚北方草原青铜时代以来广泛流行的橄榄形尖圆底陶器的形态相仿相似。有学者认为，中亚北部草原的远古居民，更早的时候，就使用了此类草编篓，只是因为环境条件，没有保存下来而已。中亚北部辽阔草原，东西绵延数千公里，广泛流行橄榄形的陶器，据分析，这类陶器的造型，实际上就是仿照草篓的样子制作出来的。小河墓地死者的身上大多放成束或散置的麻黄小枝，有身上撒满死麦粒、黍粒，还把牛（羊）的耳朵切成小片小块，用动物细筋拧卷成小的绳头，撒在身上。因墓主人性别不同，埋葬的习俗和随葬品也有区别。一般来说，男性棺前有女阴立木，立冥弓和木箭，而女性在身上则放置有木祖和皮囊。一些特殊身份的死者，随葬品神秘而丰富，墓主人是当时的社会中享有崇高地位的萨满巫师。

原始萨满的墓葬

小河墓地的 M24 是一位男性，他或许是一位萨满巫师。

这座墓的棺前栽立一根圆木祭柱，通高有 3.3 米，紧邻的是一根夸张和硕大的女阴立木，竟有 1.8 米，露出地表有 1.7 米，十分引人注目。可能寓示死者生前超强的异性占有能力，或者有无与伦比的生殖能力。女阴立木两边分别插立 3 支象征性的木箭和 1 支冥弓。在原始宗教里，箭和弓都有很强的宗教意义，箭寓示着男性的生殖力量，弓寓示着女性生殖力量。圆形祭祀柱的根部，改置由毛绳捆扎的芦苇，红柳组成的草束，草束中夹有 1 根两端削平的粗芦苇秆、4 支用毛绳缠绕的细长的麻黄束、4 根羊腿骨，草束上还放着一块牛粪，草束的旁边，又放 1 件盖着毡盖的带粗毛绳提手的大草篓。这一系列庄严神秘的仪式过程，都按着当时社会原始信仰的定制进行。那些随手可得的杂草、牛粪和羊拐骨等等，都赋予其神力，被披上了神圣的外衣。进一步说，原始时期的萨满信仰与渗入生活细节层面，现实世俗生活与神圣萨满信仰间，未有明显的分界。小河人可以直接把现实的生活搬入神灵支配的萨满世界里。墓棺盖板上覆盖刚刚宰杀剥下的牛皮，牛皮上放有 12 支红柳细枝和 1 支芦苇，这是不变的定制，红柳细枝和芦苇极其寻常，在这里则有很强的仪式效应。整个丧葬的过程，无不伴随着繁琐的仪式，每一个环节，也都透着神圣与庄严。今天，小河人一生无数次地经历过的、生动形象和动态的仪式，随历史之风飘散，留下的极具宗教色彩的遗构，任人凭吊。M24 墓主的尸体，已经完全干化、成为保存极好的自然干尸，他全身涂抹一层薄薄的乳白色浆状物，胡须呈金黄色，头发浅褐色，从体貌特征来看，他应有欧罗巴人种的基因。他的整个身体用一件深棕色红条纹的毛织斗篷包裹着，裹尸的斗篷下铺垫着一块灰白色的毛织斗篷。他头戴深棕色毡帽，帽子上密缀着土黄色的毛线，帽子偏左侧插着 1 支单杆羽饰和 1 支由 5 根单杆羽饰组成的扇状羽饰，帽子上左右各缀着一只伶鼬，鼬头相并垂于帽子中部。他脚上穿着短腰皮靴，靴腰处用白色毛编带缠绕系扎着，两小腿上各扎一根带红缨穗的棕色毛绳。双耳戴着耳环，右手腕绕系着 7 圈由小白珠穿成的手链。斗篷右边缘用红毛线捆扎出 4 个小包，包内包着麻黄碎枝和麦粒，男尸右髋部附近放着 1 件盖着毡盖的草编篓，腹部上方放着一个被涂红并绘着黑线条的大牛头。死者头前、脚后各插着一件一端嵌有人面像的木仗，两个木仗的尖端插入棺底流沙，头下枕着一块羊皮。男尸的下半身和身体偏右侧贴身堆有大量的随葬品，件件神秘，都不是日常生活中使用的器物，这也是我们判断他是萨满巫师的关键证据。随葬品多为有木质的长杆形器物，有 40 余件，其中包括有 3 件蛇形木雕、2 件外有皮套且一端扎束棕色羽毛的扁木杆、1 件骨镞木箭、25 件刻花羽箭、8 件两头削尖的红柳木棍、3 件一头绕伶鼬皮的红柳棍、2 件未去皮的红柳棍，1 件细长的红柳棍。墓主人右肘部内侧倒扣着 1 件小型木雕人面像，右肘外侧放 1 件用红白两色合股毛线缠绕的麻黄束，小腹左侧放有 1 块近长方形的青白花色石头。胸部正中和两腿之间各有 1 支羽饰，右臂内侧也有 1 支。男尸下身和上身两侧散置少许麻黄小枝，颈肩周围还有动物的一些碎耳尖。墓主右手可握的位置，出土了一件很奇特的物品，根据其形制推测，应当是萨满巫师的法器。这件法器，是由两块削成动物蹄状的木片夹一块条石，然后再以毛绳缠绕捆绑而成，外形像小锤或长十字架，木片内侧夹条石的位置有烧焦发黑的痕迹，应是将条石烧后再用木片夹持的。其条石磨制光滑，上刻有 7 道细槽，木片内侧面上刻有两组相对的横线，也都是 7 道，刻线的地方涂成了红色。如此丰富复杂和神

随葬许多神秘器物的男尸（M24）|

秘的随葬物品，说明原始宗教信仰仪式的全面性、多样性和复杂性，超出了我们的想象。

通观人类宗教史，原始的萨满教才是真正意义上的世界宗教。萨满思想最早出现，随着历史传至当代。没有任何的宗教，有类似萨满教那样的文化穿透力。萨满文化奠定了人类童年文化的基础，也是人类后来一切文化的出发点。今天世界上的三大宗教，追根溯源，其根底都有萨满文化的基础与内核。萨满教和萨满文化研究，是最具世界性的学问，但这一学问从出现那天起，就有着天然不足，即难以胜数的研究者们，大都是通过和基于对近现代民族志材料中的萨满现象考察，来理解萨满教文化。小河人群的萨满，以原始的状态和保存完好的结构，揭示出西北地区一个四千年前真实的萨满世界。这对于萨满教研究将产生不可低估的重要影响。

"木祖"里夹的蜥蜴

小河墓地，几乎每座女性墓中必备的一件随葬器物，就是木祖。这里所说的祖，指的是用各种材料仿制的男根。过去，考古遗址中发现的史前社会仿制的男根，有陶制的也有石制的，最常见的是石制男根，通称为石祖，研究者们多将其作为人类社会进入父权时代的重要标志。由于保存条件的限制，木祖很少见到。

小河墓地随葬器物主要用木材制作，木祖是其中之一。由此可以想象，史前时期木祖可能一度流行过，只是大多数地方没有保存下来。小河人制作一件木祖十分精心，木祖一般长为5～10厘米，用一段自然圆木，截成大小适当的一段圆柱，然后再削刻成男根的样子。然后竖向剖开，一分为二，每半边的中间，再竖掏成半圆的长槽，槽内平滑，槽壁涂成红色。长槽内放入蜥蜴和用动物筋搓成的小绳段，然后将两个半边

对合起来，外用红毛绳密密缠绕，有
的端头还绑有少许毛发，应是对男性
外生殖器逼真的模仿。

小河女性随葬的木祖

单说木祖里夹的那只蜥蜴。整个
过程氛围都充溢着无限的神秘。一位
小河女离世，无论是幼婴还是成年，
氏族都要统一进行丧葬安排，首先就
是选择一段圆木，刻削制成男根木
祖，大小有异，这些可能要视墓主人
身份地位而定。氏族的某个男性，这
是合理的推测，也可能是与死者有神秘关系的那一位，被派遣去寻找捕
捉一只蜥蜴，将其藏匿在木祖的空芯里，出土时，木祖常放在女尸的腹
部或者身侧，有的直接放在女性的两腿之间。一人一个，个别的成年女
性随葬两个。蜥蜴的神话，在中原远古神话海洋里，藏匿最深，牵涉面
最广。过去，蜥蜴的形象主要出现在最初的文字象征体系和神话传说系
统里。河西史前彩陶中，蜥蜴时隐时现，成为动物图案主题。没想到
在距离中原数千公里的罗布荒漠，蜥蜴又藏身木祖之中，小河人精神世界
里的蜥蜴和河西彩陶女精神世界里的蜥蜴存在千丝万缕的联系，这是
中国西北史前神话世界里最精彩的故事，《彩陶遗韵》一书中，再详细交
代。

生殖信仰与丰产巫术

孔子说过："饮食男女，人之大欲存焉。"孟子说："食色，性
也。"原始社会在很长的一段时间里，婚姻无定制，姻缘交合、生殖活
动顺乎自然，另一方面又要恪守氏族的婚姻禁忌。总的看来，当时的人

们尚未给自然天性的男女交合，加上过多的社会约束，并且也不刻意遮掩。特定的时间和场合，不同氏族部落还要组织男女相约相聚，婚姻大忌荡然无存，男女肆意情欢。男女生殖艺术是原始艺术的根脉与主流，多数情况下，还要加以夸张和渲染。男女交合不仅是生理天性，而且其过程的社会意义，也被无限地延伸与夸张。把小河人和康家石门子人放在一起考察，可以推测，当时一定存在与男女交合相关的鼓励性或者约束性的规定。男女生殖虽被喻为吃饭穿衣那样不可或缺，但绝对不是庸俗的幻想家们脑际里任性而为的原始群婚。婚姻生殖活动方面的禁忌，

| 小河人的木"棺"

是人类约定俗成的民法。性的禁忌制度，才真正地为最初社会法度的出现与萌芽进行了培土奠基。男女之间媾和，既要合天性，又要严格遵循各种禁忌，这也是人类最初所面临的最重要、和最深层的社会矛盾。生殖崇拜和相关的信仰系统，以及由此铺陈开的各种艺术创造，奠定了人类社会文化的基石。

小河墓地发现的男根和女阴立木、女性随葬的木祖，是生殖崇拜文化毫无掩饰和直接的表达。小河人容尸的葬具，最常见的是用弧形侧板围成的"木棺"，这些无底的木棺，外形略似独木舟。发掘之初，因考虑到贝格曼曾将男性棺前的立柱，误认成了划船的木"桨"，加上小河墓地的木棺又外形似船，桨船对应，因此，这些木棺最初被当成了一只载人渡往彼岸世界的小舟。对这一解释，长时间也没有人考究和质疑。小河墓地发掘的过程中，考古队员确认桨形立木实为女阴标志后，再仔细揣摩小河墓地那呈柳叶状的无底船棺，恍然大

悟。将它判断成独木舟，看来又是望形生义的误读，实际上它是模仿了女性生殖系统，象征着出入母体的孔道：生于斯，死后灵魂归于斯。

原始萨满教与其他宗教相比，宗教过程异数纷呈。生死相依的部落与氏族成员，面对着无常的生生死死，体味着聚合瞬间的生来别去，关于生与死的信仰，油然发生。人们固信活着是偶然的，是有限的，死才是常数，逝去了世俗的"生命"后，才能获得永恒和无限。史前人类平均寿命只有30岁左右。和现代人类相比，那个时候多数人刚及壮年就垂垂老矣。人生如风吹草叶，朝夕离世。在缺乏理性思维的史前社会，人们更容易参透现实世俗的欲之虚妄，彼岸世界的死之恒常。肉体失去，灵魂永驻是一切宗教信仰的要旨，它根植于原始宗教。小河墓地是当时某部落氏族，最庄严的亡灵会所。墓地里那些明示着生命诞生与消失的棺木，那些期盼再生、矗立棺前的男根女阴，那些与女性生死相依的木祖；那些暗寓着生命流转波动，墓葬中随葬的神秘箭杆和其他神秘器物，还有出没荒野的动物蛇与蜥蜴，以及难以参透真相的祭典遗构。这些都隐寓和昭示出，小河人群对逝者灵魂的无限敬畏，对再生的永久渴望。万物有灵，万物之灵，生死互转。世界由来无常，这是一个被诸神打过信仰底色的时代，人们向死而生，彼此两岸来去随灵。但是，这一点儿都不妨碍人们，在短暂的身世，尽情地宣泄现实欲望与渴求。小河的人把现实社会的所欲

小河人随葬的牛或羊的耳朵尖 |

所求，不遮不掩，淋漓尽致地泼洒在了这一远离世界文化中心的荒漠沙丘。

原始宗教中，生殖巫术和丰产巫术互通互融，并没有本质区别，只是表现手法和祈祷目的上各有侧重。生殖巫术，以男女交媾及象征仪式来实施，也常常采用模仿男女性器官或象征物来实施，目的都是利用这些象征符号来祈求现实的幸福和生命的繁衍。丰产巫术则是生殖巫术的延伸，是在祈求人类自身拥有旺盛不竭生理幸福和生育能力的同时，再把这种生育能力，传递给自然万物。

小河墓地的丧葬习俗中，有很多反映丰产巫术的内容。墓地里那些高耸的祭祀柱根部，多放置一把由芦苇、骆驼刺、麻黄或甘草等干旱区植物组成的草束，草束中夹有粗芦苇秆和羊腿骨，乃至牛粪；死者裹的毛织斗篷边缘捆扎出数个小包，小包内放有麻黄草枝、麦粒或黍粒；身上大多散置麻黄小枝、牛（羊）耳尖、动物筋绳以及麦粒、黍粒等；木棺上放置麻黄和芦苇等等。依传统的看法，这些随葬品，都是生者为死者在另外一个世界生活所准备的实用物，生时所用，死后亦离不开，或者是财富的象征。但将那些杂草、牛粪、只是干棒棒的羊骨郑重地随葬，又缘于什么呢？从整个小河墓地表现出的浓郁的巫术祭祀氛围看，可以认为这些都与丰产巫术有关。考虑得更全一些，这些随葬品至少存在两个方面的意义：其一是向神灵献的祭品，其二是祈求农业丰收、畜牧兴旺的丰产巫术遗存。

小河人的冶金术

罗布泊无名的小河，原本也是青铜之路上的重要一站，让我们再回到青铜技术与器物上来。孔雀河古墓沟太阳墓地，是小河人另一处重要祭典遗址。当时人们奉太阳神为主神，太阳祭典是小河人祭祀系列活动中的大典。

孔雀河太阳墓地的发掘，曾引起人们的极大关注。这些有奇特标志的墓葬，究竟属于什么年代？孔雀河太阳墓地，几乎未见金属器物，也没见陶器，发掘者最初怀疑它是新石器时代的遗存。发掘结束不久，进行碳十四测年，竟然早到距今 6400 年前，这一数字公布后，举世哗然。日本《产经新闻》1981 年 3 月 3 日发表了一篇署名文章，指责说，中国罗布荒漠"如果说六千四百多年前就有那么发达的文明，那么周围的中国本土的文化和印度文化的年代就整个被推翻了。那个木乃伊（即后来所说的楼兰美少女），无论怎样，也不能认为是楼兰王国成立的汉代以前的，最古不过二千六百年，这种说法已到了极限"，"从木乃伊戴的帽子看，也应当不是很古老的，在苏联发现的毛毡是纪元前六百年这一时代的，几千年前就有了毛毡是不能想象的"。国内学界也议论纷纷，莫衷一是。墓葬地表环围墓室，数百上千根的木桩一端被削成了尖状，斜面平直光滑，绝非是粗笨的石器所能为，还有那些精致的木雕人像和其他木骨质地的器物，一定是锐利的金属工具所为。后来，在整理过程中，确实见有小的铜片，都是纯铜。针对这一现象，又做了一组碳十四测年，年代多集中在距今 4000 到 3800 年间。此后，孔雀河古墓沟墓地被定格在距今 3800 年前后。

1934 年，贝格曼调查罗布泊小河五号墓地，即现在统称的小河墓地时，也未找见陶器和铜器，因而对小河墓地的年代判断也相当模糊。小河墓地全面发掘伊始未发现过任何成型的铜器。小河遗存实在太重要，当时人是否使用了金属器，是判断小河文化的关键。发掘时要察至丝毫，半铲沙一撮土都不能放过，偌大一个沙丘发掘过的沙土，都要用细筛过滤。很快考古队员就在流沙中发现有 1 厘米大小样子极不规则的铜片。随着发掘，这些不规则的小铜片频繁再现，但不知它是何物又有何用。后来，考古队员在墓葬棺前竖立的男根、女阴立木的顶部，发现镶嵌着这样的小铜片，大家开始认识到小铜片的真相，它是沟通人神两界的巫具。墓地密密麻麻排列的、具有祭祀功能的那些高大涂红的木柱，有的底部特意保留分叉的一截支须，根须上嵌入小的铜片，又是更好的证明。小河人用胡杨圆木制作木桶，木桶壁上成排成行地镶嵌这样的小铜片。小河墓地出土的那么多的小草篓，有的小草篓的系绳上，也见穿有小的铜环。有一位小河的妇女，在她围腰的裙衣上用一排七个圆形铜扣进行装饰。墓主人身下也常见小铜片随葬……墓地里这些小铜片虽不显眼，却频频出土，它们被镶嵌在祭器的神秘之处，无形无状的小铜片，被赋予了神秘的超自然属性。

小河墓地未见青铜工具和其他成型的青铜器。但墓地形成过程中伐木无数，大都是胡杨、红柳，胡杨、红柳的木质坚硬细密，小河人能从树根砍断，且削面整齐。即使是现在，也只有刃部锋利无比的宽刃大斧才能胜任。小河木器文化异常灿烂。一件件精雕细凿的木雕人像、木雕人面像、木桶、别针，以及无数祭典器物，加上在木器上精心装饰的那些具宗教功能的密集三角，都需要成组成套的刻具，非有刃部相当锋利的刻刀才能为之。考古学家曾经忠告过我们，研究原始文化时，既要被客观材料牵着鼻子走，又要把那些未发现但能断其存在过的技术因素，也考虑进去。对于小河人来讲，相关的发现足以证明，毫无疑问他们早已广泛使用了青铜工具。

| 小河人使用的铜器

小河墓地公共墓区的北

端，有一独立成葬的"高级陵墓"。这座墓的规格确实非同一般。墓葬由木构的长方形墓室和梯形的墓道组成，墓室由多棱形的粗木柱和宽平的木板构筑，木柱位于四角及墓壁中部，上端修出凹槽用以承接顶梁，表明木房式墓葬上很可能有房顶。墓室的中部立隔板，形成前后室。室内壁板及木柱上绘红色或黑色的S纹、竖条纹、网格纹等。墓室外壁蒙盖多层牛皮，墓室前壁两侧碎泥块上叠放7层牛头。墓道前，正对着墓道不远处，耸立着一根高近3米的木柱，木柱上刻有8周凹槽纹，当时的祭典活动可能就围绕这个中心柱展开。向导奥尔德克说他曾光顾过这间房屋，见房内有一女性，不知奥尔德克的记忆是否还准确。对于这座墓葬，发掘者一度寄予厚望，遗憾的是此墓严重被盗扰。60年后，考古队精心发掘，未见那名女性尸体，仅在扰沙中发现一节肱骨和胸骨，已交给体质人类学家鉴定。墓室内残存遗物也不多，但在墓室底部发现了1件圆形石质权杖头，2件木雕人面像。更为重要的是，发现了一面圆形铜镜，铜镜圆面平直，直径5厘米左右，背面有钮，钮外有金环附着。还发现一件铃形铜器，以及一件外形呈柳叶状的带銎铜镞。

复杂高超的合金术

梅建军博士，领导冶金科技小组对小河墓地金属制品进行了科学检测研究。

小河墓地检测的标本，包括小铜片10件、小铜管或管状器3件、残铜箭镞1件、金属耳环1件，共计15件。无损分析的结果如下：鉴定的7件"金耳环"中，除1件为纯金器外，其余6件均为金银合金所制；检测的14件铜器中，锡青铜有9件，纯铜器2件，铜铅合金2件，铜锡砷三元合金1件。梅建军认为小河墓地的检测结果说明，锡青铜在新疆青铜时代的金属器中占有主导地位。小河墓地发现了中国境内年代最早的纯锡器，意义重大，它不仅是中国的首次发现，表明这里最早出现的锡青铜，就是用铜、锡两种金属配炼的合金，而不是共生矿的结果。纯锡器的存在和锡青铜的普遍而持续的使用，又暗示新疆史前时期很可能就有了比较充足的锡矿和铜矿来源。小河墓地出土铜器中有 1 件残铜箭镞，这件镞的含锡量达 7.1%，且是铜、砷、锡的三元合金，含砷 1.5%。另有 1 件为铜和铅的合金。这些鉴定结果表明，小河人掌握着高超、复杂的合金技术，金属材料来源多样，透视出小河文化与同时代其他文化之间存在着密切联系。小河人冶金工业多元并存，它一定不会处于青铜冶金技术发展的初始期，而是已经达到了相当成熟地步，处于繁盛阶段。

小河文化的兴衰历程

孔雀河古墓沟墓地，形成的时间距今至少有 4000 年的历史。小河墓地的墓葬上下五层，早晚之间遗迹遗物变化明显，可大致分为早晚两期。科学家对取自小河墓地不同层位的植物种子、动物毛皮等近 30 个样品进行了测年，并对成组的数据进行拟合，所得年代范围为公元前 1950 年～1400 年，早晚期分界约在公元前 1700 年前后。小河墓地发现后，考古学家又在位于塔克拉玛干腹地、和田克里雅伸向沙漠尾闾地区，找到另外一处小河文化的墓地，命名为克里雅河北方墓地。墓地地表采集的文物，属该墓地废弃时的文化，由文物特征看与小河墓地早期同类文化接近，或者说整个克里雅河北方墓地要早于小河墓地。克里雅北方墓地废弃的年代，据地表采集标测的有 5 个碳十四年代，为公元前 1880 年～1700 年。由此判断，小河人群最早出现在塔里木盆地的年代，起码不晚于公元前 2000 年。

繁荣了数百年的小河文化，由塔里木盆地东部河网绿洲孕育而成。

小河文化特征奇异、内涵丰富，遗存的分布区域相当辽阔。小河人主要生活在塔里木盆地中东部区域、尤其是盆地东部的孔雀河流域，小河文化遗址发现更多。公元前2000年，小河人的先头部队就已频繁出入塔里木盆地的中东部，至公元前两千纪初，小河文化空前发展起来。公元前两千纪中叶前后显出了衰退趋势。在公元前两千纪到一千纪之交，绵延了近千年之后，才最终退出了历史舞台。

林雅与小河文化的泾渭之别

公元前三千纪下半叶的某个时期，一支兼有东西方血液的小河人群，突然出现在塔里木河流域，沿着塔里木河及其支流向东分布，最后汇集到罗布淖尔三角洲的北岸。公元前两千纪前半叶，塔里木盆地东部的半壁河山，到处可见小河人活动的身影。

小河文化特征明显，在欧亚内陆实难找到第二处在形态、文化面貌上相同或接近的遗存。从原始精神信仰视角看，也只有呼图壁的康家石门子岩画，尚可进行对比分析。小河文化繁荣发展的公元前两千纪前半叶，小河文化分布区的外围，特别是北部、西部环天山地区，滚滚东来的是彩陶文化人群。彩陶文化人群，由河西走廊步入东天山的哈密盆地，沿天山向西迁徙，对罗布淖尔三角洲形

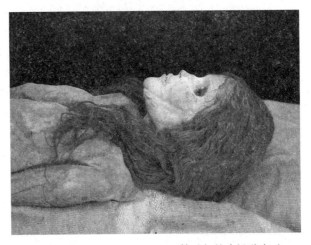

沉睡数千年的小河公主 |

成了一个半月形的包围形势。罗布淖尔与哈密盆地之间，相隔着天山余脉库鲁克塔格山，东天山东延至此，山势变得逶迤平缓，不再挺拔。山间数条宽谷走廊，晋唐之时称其为大海道。由东向西横贯天山的彩陶文化，并未长驱直入越过库鲁克塔格低山浅谷，进入罗布洼地，融入到小河文化体。小河文化与哈密的林雅文化，时代上至少有数百年的重合期，两种文化有着密切联系，两支人群共享的文化显性有青铜和小麦种植等技术。另外，林雅人制作过一类筒形陶器，从器型到纹饰，有着小河人草篓的影子，陶器与草篓，文化上同根共源。然而，作为意识流存在的彩陶文化，却被小河人拒绝，也许正是小河人控制着罗布淖尔三角洲的大片区域，才阻止了强势西进的彩陶文化，转而开始南下的历史脚步。才使低山之隔，南北相邻的小河文化与林雅文化有了泾渭之别。近些年来，考古工作者在罗布泊的北岸，发现过彩陶的零星影迹，它们与小河文化因素在地表上共存，虽不是科学的考古发掘，但这些偶然的发现，说明林雅人携带着彩陶，也曾越过库鲁克塔格山，有过试图南下罗布洼地的努力，只是未能扎根，只是昙花一现。

俯瞰公元前两千纪前半叶的整个东天山，小河文化分布区的面积广大，相当于中原数个省的面积。偌大的区域里，只是偶尔找到几件残破的彩铁片，未见成熟的彩陶文化体。这一奇特现象，并非是考古发现的不足，也绝非偶然。正值彩陶盛行于整个天山东部的青铜文化之时，小河文化却特色鲜明，突兀呈现。只能是因为小河文化与由东方流入的彩陶文化各有故乡，源与流是大相径庭，小河文化固守传统的结果。

小河人群的来历

那么，小河人群究竟何来何往？对小河文化来龙去脉的探索，眼下只能找到些零星的物证，尚未构成充分的证据链条。小河人的来历，是揭开许多东亚早期历史之谜的一扇大门。

从目前的研究看，小河墓地的主人与呼图壁康家石门子岩画的作者，有着相同的文化背景。通过康家石门子岩画的构成要素，可能找到多条与欧亚北部草原联系起来的线索。关于这些，我们前面已有所交代。除此之外，小河人最喜欢编织的草篓，外形与中亚北部草原新石器时代晚期到青铜时代流行的橄榄形陶器接近。这种橄榄形陶器，由内陆欧亚西部的黑海里海北岸向东，一直延伸到贝加尔湖一带，沿途形态多有变化。西起乌拉尔，东到叶尼塞河的西西伯利亚，是这类陶器的最早发源地，这一区域里，年代早到公元前四千纪到公元前三千纪初的亚姆纳雅人群，已经广泛地制作这类陶器。小河草篓，形态上与阿凡那谢沃文化的橄榄形器更为接近，这类器物在阿凡那谢沃文化中占有一半以上。前面已经提到，有学者指出，橄榄形器及器表压印出来的编织纹样，脱胎于草编器。这些现象表明，中亚北部草原地区的居民，很早就编织出了类似小河的那些草篓，后来才仿草篓制作陶器，并把草篓的编织纹样开拓到陶器的器表，成为流行的装饰风格。橄榄形陶器南下的证据虽尚显不足，但在奇台县还是发现了一件。奇台发现的这件陶器，其上装饰的纹样与小草篓上的编织纹样风格亦相同，是成排的折线纹样，是这类器物南下链条中的难得证据。小河人编织草篓时，将这种折线纹，规范为阶梯状纹样。阶梯纹样在北部草原青铜时代的陶器也曾一度地流行，比如与小河文化有很长时代重合期的安德罗诺沃人群的陶器装饰上，阶梯纹样也引领一时的风尚，又增加了一份说服力。小河人喜欢木雕人像，还有个别石雕人像。人像雕刻的传统起源于中亚北部草原地带，比如中亚北部草原青铜时代的奥库涅夫文化中，就常见骨、木雕刻的人像。小河人的故乡在中亚北部草原一带，已经是研究者们的初步共识。

人种学研究提供的证明

20 世纪 80 年代，人种学家韩康信先生曾经对孔雀河古墓沟墓地出土的头骨进行测量，发现它们与现代长颅的欧洲人种中的北欧人头骨较为相似。古墓沟出土的这批头骨，又可以分为两种，一种与阿凡那谢沃文化中的阿凡那谢沃类型接近，另一种与安德罗诺沃文化中的安德罗诺沃变种类型相似。韩康信先生还发现，第一类头骨，出自那些普通的竖穴沙室墓，在孔雀河古墓沟墓地，这些墓葬的时代比较早，发掘时还发现了这一类型的墓葬被其后的太阳墓葬所打破的层位关系。第二类的头骨，是出自太阳墓葬的男性颅骨，他们的时间相对晚些。韩先生对孔雀河古墓沟墓地人骨研究结果，与阿凡那谢沃文化和安德罗诺沃文化前后的交替，南北印证。人种学研究提供的证据表明，青铜时代早期的孔雀河流域，前后生活过两支人群。一支是在阿凡那谢沃时期，即公元前三千纪下半叶某时，由中亚北部草原迁居而来的人群，另一支时代稍晚，约在公元前两千纪初或更晚的时段，属于安德罗诺沃文化时期。后者可能是随着阿凡那谢沃人的步履，迁居到孔雀河流域，并留下了那些规模宏大的太阳墓葬。

小河墓地全面发掘过程中，一具具干尸出土。从外表来看，部分小河人长着亚麻色的头发和睫毛，鼻梁高挺，面部轮廓清晰，表现出明显的欧罗巴人种的体貌特征。但若要更详细地判断小河人群属于什么人种，自哪儿来，还要借助科学研究。吉林大学生命科学学院的学者，对小河墓地出土的 58 个人类个体，进行了古 DNA 的分析与研究，取得了突破性的进展。他们发现，小河人群的种属问题，要比韩康信先生外表形态观察所得的结论复杂得多。小河墓地五层墓葬中的墓主人，即初入小河地区的人群，已不像以往所认为的是单纯的欧罗巴人种。实际上他

（她）们同时携带着东部和西部欧亚谱系的遗传基因，是混血的种群。基因混合的历史，最初发生的地区可能就在南西伯利亚某地，后南迁至塔里木盆地。遗传人类学家，从小河墓地的第五层，选取了 30 个个体，进行线粒体 DNA 分析，最后成功获取了 21 个个体（有男有女）的基因型。古 DNA 的这些检测结果暗示我们，小河人群的祖先，是西部种群的一支，他们在东向迁徙过程中与东部人群相遇，娶其女子为妻，随后南下迁入新疆地区。稍晚的时代，即从第四层开始，小河的人群遗传构成变得更为复杂，已经混血的种群，在既有的基础上，再次数度混入其他人种基因。这里面既有南亚人群的混入，同时，混入的东亚人种基因成分明显增多。可见，小河人生活的时期，不同人种之间的通婚有着很大自由，小河人群千里迢迢，来到塔里木盆地以后，并没有与其他人群发生隔离，而是不断与周边人群发生着基因交流。

将韩康信的体质人类学研究成果，与最新的小河墓地古 DNA 的研究及考古学发现结合起来，历史的真相隐约再现。从公元前三千纪中叶开始，沿着中亚北部的草原森林，欧罗巴人群集团东迁到中亚东部，相邻而居的是原居于此、很可能是土著的东方人种集团居民。那时候流行氏族外婚制，西方人种集团的男性，相约到东方人种集团氏族中寻找婚姻伙伴，才出现了一支带有更浓的东方母系血统的人群，他们继而南下，越过准噶尔盆地和天山盆地沟谷，抵达塔里木盆地流沙环抱绿洲。或同一支人群，或分支人群，接踵而至，他们翻高山涉沙海，持续南下。一路上他们并不孤独，沿途有不同种群相遇，持续通婚。终有一天，他们来到塔里木盆地东缘的罗布淖尔，驻足于流沙间的绿洲，创造了小河文化。随着时间推移，小河人代代繁殖，辈辈通婚，移民众多，血脉混杂。在这里汇合融汇，最终奠定了小河人群日趋复杂的种群遗传基因。

彩陶与青铜的对话

哈密市天山北路墓地

　　哈密市的天山北路墓地，位于该市一条古河床的西岸。今天的哈密市一带主要是白杨河养育的绿洲。白杨河因河边白杨森森，高耸入云而名。白杨河自北向南流，河水清冽，围绕盆地边缘，蜿蜒曲折，西流南进。哈密的史前文明，多沿着白杨河主道，以及那些不太起眼的支流，铺展开来。五堡乡的白杨河岸，发现有五堡墓地，四堡焉不拉克村的白杨河岸，发现有著名的焉不拉克墓地和遗址，这里河岸台地上，分布着数千座墓葬。白杨河向南进入流沙、荒漠和雅丹交替的地貌，这里有艾斯克霞尔南、北墓地，密密麻麻的墓地沿着古老的河床南北分布。自然如同一个魔术师，千年功夫就将这一带曾经的绿海沃野，改造成漫漫流沙、峭壁变幻、影影绰绰的"魔鬼"世界。想当年，白杨河水量丰足，它穿越了天山余脉的库鲁克塔格的低山宽谷，汇入古老的蒲昌海，即罗布湖，并连成一条沟通哈密盆地与罗布淖尔三角洲的绿色走廊。

　　天山北路本是哈密火车站前一条南北向道路的名称，这里发现了大量青铜时代的古代墓葬。据此，最初考古学者称以这一墓地为代表的考古文化为天山北路文化。但考虑到"天山北路"在读音上很容易与"天山北麓"相混，引起误解；墓地所在还有一个小的地名"林雅办事处"，笔者因而便将这一墓地为代表的考古文化称为林雅文化，将创造林雅文化的人群称为林雅人。

1989年的4月中旬，哈密市逢着一个暖春。暖风轻拂，杨柳吐绿。一支考古队在发掘哈密市火车站南的天山北路路基下的一处远古墓地，这项工作去年就开始了。这里的墓葬，大多是土坑壁土坯砌的小墓，另一些是小的竖穴土坑墓，墓葬排列密集，蜂窝一样错挤排列。经常见到一座墓葬的墓边被其他的墓葬打破、破坏。墓葬墓室很小，长不过

哈密白杨河尾闾风光

1米，宽多在半米以上，最宽不到1米。墓内葬一人，侧身屈肢，双腿蜷曲至胸前，双手略成抱膝状。死者蜷曲的下腿旁边，放着一件彩陶双耳罐。这件彩陶罐，矮领、鼓腹，其彩陶纹样和器型与河西走廊马厂和四坝文化同时代的同类器物十分相似，甚至难分彼此。它们同源同流。依据河西地区马厂和四坝文化的时代，学者们判断林雅人在哈密盆地生活的年代，最初也在公元前2000年前，林雅文化结束的年代，在公元前两千纪中叶前后或者更晚一些。

一天下午，暖春柔和，斜阳余晖撒满大地。我蹲在狭窄的墓坑里，小心清理着一具骨架。墓主是成年死者，侧身蜷曲四肢。他的上身左右陪葬着十多件铜器以至于骨头都被铜锈染成绿色。有数件圆形的铜牌饰，散置在他的下腹，圆形牌饰间，另有铜管板、扣饰等。圆牌饰，大小有五六厘米的样子，面平体薄。其中有两面，背部还铸有半圆形的桥

哈密天山北路墓地密集的墓葬

钮。墓地常常出土圆形牌饰的重要文物，去年开始就引起了我们的重视。

铜镜起源之争引风波

天山北路墓地出土的尺寸略大的圆形牌饰，皆为铜镜。后来，我简单统计了一下，1988—1989天山北路墓地发掘墓葬有250多座，出土的圆形牌饰有一百多件，其中的数十件大小、形态差别不大，直径均在5～7厘米之间，发掘者都记为铜镜，有的记为镜形饰。天山北路墓地凡有随葬品的墓，多有铜器，少者一两件，多者数件、甚至十多件，最多者达数十件。铜器中最常见的就是铜镜。面对这突如其来的铜镜，直觉得这是很有意义的重要发现，但是，当时在发掘现场没有可稽查的材料，难以就此作出更多更深的思考，只是作为问题存留在脑际之间。

镜是人们日常生活中最为习见之物，镜中的铜镜是中国传统文化中极富代表性的器物。研究铜镜的学者很多，铜镜的研究是中国古代青铜器物学研究中最具专门化的一个分支。铜镜起源则是铜镜研究领域的关键核心问题。长期以来，学术界一般将中国传统的铜镜分为带柄镜和圆形镜两类，主流的观点认为，带柄镜是西方体系的铜镜，很晚的时候才传入中原。圆形铜镜则是东方传统，始自黄河流域。哈密考古归来，我翻阅关于铜镜研究的材料，开始察觉到林雅人制造和随葬了那么多铜镜，时代又那么早，这些材料当是铜镜起源研究中至关重要的新发现。

中国铜镜起源研究从上世纪就开始了。当年，安阳殷墟妇好墓出土了数千件青铜礼器，其中有四面铜镜。著名考古学家高去寻先生据此证明了中国铜镜起源于本土，并逐成定说。1984 年，我的老师林澐先生撰文指出商末的铜镜并非中原传统器物，提出这些铜镜是从北方系青铜器分布区传入中原的观点。中原大地早期铜镜极为罕见，算上后面我们还要专门提到的洛阳二里头遗址三期的那件著名的镶绿松石的圆形铜牌，这件被称为圆形铜牌的器物，可能是中原地区最早的铜镜了。其后，便是商末妇好墓的这四面铜镜，它们成组出土。目前为止，夏、商铜镜仅见这 5 面，且出自两座王室墓葬与宫室遗址。相比之下，中原地区夏商时代的遗址和墓葬何止数千处，铜器何止数千件，而铜镜却寥若晨星。再其后，西周时期的遗址和墓葬，总数何止数千处之多，出土的铜器何止数千件上万件，但也只在十多处墓地偶见过铜镜，一处墓地仅见一面。中原地区，到了东周时期，铜镜发现始有增加，依然是罕见器物，屈指可数。

再度引起中国早期铜镜起源问题讨论，1977 年，考古学家在发掘青海省尕马台墓地时，意外发现一枚铜镜，这一墓地位于青海省海南藏族自治州贵南县拉乙亥乡昂索村西，地属龙羊峡水库淹没区。这一墓地发掘后，长时期内学术界断其为齐家文化，年代在公元前 2000 年前后。铜镜出自这一墓地的 25 号墓，镜面平直，镜背中央原有钮，出土时损坏，镜背饰七角纹饰。尕马台这枚铜镜发现的意义，改变了铜镜起源研究者的视野，研究者转而认为，西北甘青地区才是中国早期铜镜的起源地。

林雅人制作的铜镜

1990 年初，我反复揣摩哈密天山北路墓地陆续出土的铜镜，开始怀疑铜镜的初源，在齐家文化数百处墓葬和遗址里，总共出土铜器一百多件，只见有两面铜镜，可谓偶见。按张忠培先生对齐家文化的分期，和铜器在这一文化中先后的分布看，齐家文化的这两面铜镜，其年代当在公元前两千纪前半叶的后段，不会早于天山北路墓地的上限。现在，情况更为清楚了，如后面我们还要提到，尕马台墓地本身还很可能不能算作是齐家文化，年代上它要晚于典型的齐家遗存。1993 年，我终于提出了中原地区早期铜镜是由古代西域传入的"假说"。一石击起涟漪，短时间内，围绕着铜镜起源问题掀起了或大或小的学术争论。宋新潮、李水城、刘一曼和孔祥星等先生先后撰文，针对笔者关于铜镜源于西域的观点，提出质疑。现在看来，这次学术争论，是整个青铜之路研究史上颇具异彩的一朵小花。一次偶然的机会，我与专治西北冶铜史的梅建军博士聊天，他中肯地谈到这次学术交锋，大意是说，如果考虑到中亚西部和西亚更早的铜镜，将新疆早期的铜镜当成铜镜因素东传的"驿站"，可能更客观些，也更具有说服力。梅建军提醒了我，此后，笔者也开始注意西方最早铜镜的出土和研究状态。西亚的两河流域，是早期青铜文化起源的中心，这里确实很早就有了石面镜和铜面镜。但铜镜毕竟很少，是极罕见之物，其后并没有发展起来。将其与天山北路墓地的铜镜一比，后者一跃成为青铜器大军的主要成员。如果简单地将西亚更早的那些偶见的铜镜，当成是天山北路墓地频繁大量出土铜镜的根源，中间还缺少支持环节，有片面和形而上的疑虑。考古发现表明，铜镜源流的历史可能是这样的：各类圆形器物在人类文化中最为常见，所以普遍发现的那些圆形器物，不一定都是同祖同根，大多是异地起源。西亚偶见的那些圆形牌饰，属于孤独偶见，它并不是成组配套的类型器流。哈密的天山北路墓地，圆形牌饰无处不在，大小有别，参差有序，可以排列出一个发展演变的序列。天山北路墓地的墓主人林雅人，赋予这类圆形牌饰有别于其他青铜器物的文化内涵后，才使其成为不可缺少、常见的青铜器物类型。是青铜时代早期的林雅人，真正开启了铜镜的历史。

铜镜传播的路径

公元前 2000 年前后，生活在哈密盆地的林雅人，始铸的圆形铜牌，多为直板平面，直径不大，有的边缘铸小孔，与其他形态的青铜挂饰一起，缀满衣饰。后来圆形铜牌越做越大，有些就变成了铜镜。追根溯源，早期的铜镜实际就是体形加大的圆形铜牌而已，妥当其间，多数的发掘者称这类铜器为镜形饰。再后来，人们在圆形牌饰的背部边缘，铸出尖方唇的框沿，再后来，人们又在它的背面铸出几何纹样，特别是在背部的中央，加铸小钮，以便穿绳悬挂。一枚典型的铜镜，就这样面世了。这个过程不会太长。

最初，铜镜背面铸出纹样，多呈多圈同心圆。这自然使人们联想起孔雀河古墓沟墓地，那六座七圈同心圆圈的太阳墓。铜镜背部同心圆线间，填以密集的短线。多圈配短线的施彩风格，很快就被林雅人用在一类特殊陶器的器表，这类陶器因器型与纹样的独特，便与源于东方的双耳彩陶罐有了本质区别。视野再拓展些，同心圆圈配以短线纹，总体上讲与北方草原青铜时代装饰风格关系更近，而与东方装饰传统南辕北辙。此后西北地区早期的铜镜纹样，在同心圆圈纹基础上，又发展出叶脉纹、盘蛇纹、角星纹等等。这些特殊的纹样，构成了早期西北青铜镜独有的特征。殷墟妇好墓的四件铜镜，均为纹饰镜。两面为叶脉纹、一面为同心圆短线纹、一面为盘蛇纹，一目了然，都属于早期西北铜镜风格。特别是那面同心圆圈短线纹铜镜，与哈密盆地林雅人的所铸别无二

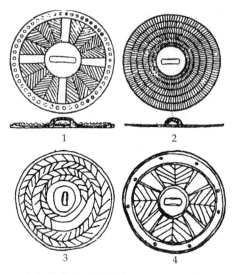

| 妇好墓的四面铜镜

致。同类纹饰风格的铜镜,由西域至中原,沿途一路时有发现。近年来,乌鲁木齐南山的萨恩萨依墓地,发现一件多圈同心圆纹铜镜,则是林雅人首创的纹饰镜沿天山西传的结果。

对殷墟妇好墓所见的铜镜的历史背景,我们可以这样描绘,商代一统天下,对西北边陲民族常以武力相加,征讨不断。妇好是商王武丁的一位爱妾,也是位征战沙场的女戎武将,常常领兵西伐,威名显赫,名耀西北。西伐的结果,是西部边陲民族不断来贡。殷墟所出土大量玉器的玉料,就来自昆仑于阗的玉矿,证明了玉石之路的存在。一些西部的方国,在向中原王朝供奉和田玉料的时候,也把几面作为镇国之宝的铜镜,献于妇好。据说周穆王驾车西游,曾与西王母有博格达峰巅的天池之会,这次历史之会的一个重要内容,就是铜镜之约。西王母将几面铜镜,作为临别心物,馈赠周王,以约天下。

铜镜的原初功用

区区铜镜,作为国礼大器、馈赠珍品,并非无源,它与铜镜特殊的原初功能有关。

哈密的林雅人,最初从各类圆形的青铜牌饰中,分离出来这类特殊的铜镜,并非出于简单的照面饰容需要。中国早期铜镜的原初功能和原形问题,学术界多位学者都有过研究。梁上椿先生认为,我国的古镜是由"鉴"演变而来的。古人始以自然界的静水映照，后逐渐改用盆式的铜鉴盛水照面，再后因偶然的发现，方知打磨光净了的无水铜鉴底面也能反照，遂演变出今日之铜镜来。岳慎礼先生认为："鉴"是由阳燧演变而来的，他认为阳燧早于铜镜。主张中国早期铜镜源自中原的高去寻，依据殷墟出土铜镜的同时还出土有凸面铜泡，怀疑镜是由圆形铜泡而来，后又认为这一假说不太成熟。何堂坤先生认为"镜既非源于鉴和阳燧，亦非仅仅源于铜泡。"如此纷纭，诸说不一。其实，铜镜的发明并没有那么复杂。从早期铜镜发现最为集中的天山北路墓地看，这里的青铜装饰品，以各种各样的牌饰为大宗，数以百计，牌饰主要分为方形和圆形两类。圆形牌饰中直径较大者被当成了镜形饰，或直接称为铜镜。简单地讲，铜镜只是圆形铜牌饰的一种规范的变形而已。

铜镜虽然被发明出来了，但还带着早期圆形牌饰的功能，只是被定格了，被赋予了更为神圣的身份。早期阶段，铜镜和一些镜形的圆牌饰常常混杂在一起。哈密天山北路墓地，一座墓中常有数件铜镜和圆形牌饰。这样的例证，在滥觞于西北的早期铜镜世界里，不胜枚举。(2014年)7月23日，笔者再次参观青海考古所，在其陈列室陈展的出自青海湟源县大华中庄卡约文化墓地的一座墓葬模型。这座墓葬模型在这里已经陈展了十多年，每次目睹，都有别样的思绪。死者是一位成年男性，他的身上布满了以青铜为主的装饰。脖颈围着多圈项饰，是用贝壳、铜管等串成。上身的左侧，置放一把管銎的战斧。周身布满了圆形牌饰，具钮或平板，平面或凹面。面平具钮者，称其为铜镜，其余多称为圆形铜泡。大大小小绕身一周，有十多件，圆形的铜饰间，配以铜铃和其他小的青铜装饰。安阳殷墟共发现有 6 面商末铜镜，其中 4 面出自妇好墓。这样一墓多镜的例证，两周时代亦信手可拈。内蒙古南山根发现的11 面铜镜，出自两座夏家店上层文化的特殊石椁墓中；辽宁沈阳郑家洼子发现的史前时期的一座墓葬里，有5面铜镜。

上述的墓葬集中随葬这么多面铜镜，其背后有着更复杂的故事。我感到此处的铜镜，并非日常生活中照面饰面的装饰具，而应当是早期人类沟通人神两界的神具。

铜镜最初作为神具发明与流行起来，与早期萨满教的盛行关系密切。西北地区萨满的盛行，由来已久，自史前开始，到历史时期传至近代。萨满信仰的外在形式随时代而变化，然其内涵和主旨，一直相通相融。多数情况下，萨满仪式是在萨满巫师们近乎迷幻的状态下来完成的。这一过程中，萨满巫师一边模拟神灵和神灵动物的某些动作，手舞足蹈，一边载歌载舞，他身上所佩带的神器，叮当作响，气场神秘，中原的居民俗称其为跳大神。萨满巫师们身上所挂的道具很多，种

近代萨满巫装　1满族萨满　2达斡尔萨满

类各异，铜镜是必备和不可或缺之物。《朔方备乘》中记"降神之巫曰萨麻（萨满），帽如兜……外悬三小镜，如两目状……飞镜驱祟，又能以镜治病"。俄国境内的那乃人（赫哲人）的大萨满，在神帽上有铁质的枝杈头饰，上佩挂小铜镜，胸下又佩有大的铜镜。1935年，日本人秋叶隆在大兴安岭调查鄂伦春人的萨满教，他见萨满正面佩圆镜，衣服上挂着镜子，其中被称为琶托萨满的神衣前面有36面镜子，背面有6面大镜。

这样的民族学例证，也不胜枚举。哈密天山北路墓地，铜镜及圆形铜饰一墓常见到数十件，覆盖死者全身；青海湟源大华中庄的远古逝者，更是神器满身。追根溯源，死者生前应是一位萨满巫师。

早期的萨满为什么会选择圆牌饰，即后来的铜镜，作为必不可少的萨满巫具呢？学术界也很少有人专门深入探讨这个问题。我想远古居民在制作和长期使用铜器的过程中，终会发现光亮的铜牌表面隐约可见人物的映像，由于大多数铜牌表面或凸或凹，映出的人物图像会夸大、变小或变形，如同今天的哈哈镜，人们自然对这一光学现象迷惑不解。那个时候，神灵控制着人们的思维，原始社会里充满着神秘气氛，这样的文化背景下，人们初见镜的背面映出隐约变形的人物或其他景象时，便会将其和巫具的"神性"联系起来，以为这是神性和神力的显现。这也是圆形牌饰——铜镜，从史前到历史时期一路走来，始终在扮演着萨满巫师施法巫具的一个内在原因。

铜镜的华丽转身

作为萨满巫具的铜镜，由西域传至中原，后来华丽转身，变成了真正意义上的以照面饰容为主的装饰具。这个过程复杂曲折。

中国最早的文字甲骨文中，并无镜字，而有一鉴字。郭沫若认为，"鉴字即像一人立于水盆旁俯视之形"。《尚书·酒诰》中有"古人有言曰：'人无于水监，当于民监'"。说的是人不要满足于以水饰面，要以民众照心。《国语·吴语》："王其盍亦鉴于人，无鉴于水"，《庄子·德充符》："仲尼曰：'人莫鉴于流水，而鉴于止水。'"这些都是具有深刻的人生说教意味的哲理名言。春秋末战国初才出现了专用于鉴的大型铜器，有的还带有铭文，一般自称为鉴，如春秋末的"攻吴王夫差鉴"，同时代的"智君子鉴"。这些鉴多发现于春秋战国时期的大中贵族的墓中，是重大历史事件后制作的纪念碑，有以史为鉴的深层蕴意。中原地区，到春秋时期圆形镜仍很罕见。《左传·庄公二十一年》有这样的一条记载："郑伯之享王也，王以后之盘鉴予之。虢公请器，王予之爵，郑伯由是始恶于王。同书又载："昭公之难，君将以文之舒鼎，成之昭兆，定之鐢鉴。苟可以纳之，择用一焉。"这时期的铜镜才有了鉴的意味，即照面饰容的功能，称之为鐢鉴，可作为赐物赏赐大臣，同时还兼具占卜等宗教作用，集映像与宗教功能为一身。据杜预注："盘带而以镜为饰也，今西方羌胡仍流行这种衣饰。"杜预是晋代人，可见晋时西北地区少数民族中仍流行以铜镜为衣饰的习俗。

主要用来照面饰容的圆形铜镜，在中原地区真正流行起来，是从战国开始的。战国时期中国的青铜器工艺技术走向没落，而铜镜铸造业却逆流而上，异军突起。铜镜以其丰富的纹样，精致轻巧的造型达到了当时青铜工艺的顶峰。目前这一时期发现的铜镜已逾千面，特别是屈原生活的南方的楚国，深受神仙思想的影响，这里似乎成了铸镜的中心。新中国成立后湖南长沙地区发掘的楚墓达 2000 座，出土铜镜 470 余面，约在 1/4 的楚墓中发现了铜镜。铜镜广泛流行的程度可见一斑，这时的铜镜主要是作为照面饰容的日常生活用具制造出来的，虽然有时也兼作巫具。铜镜的宗教功能，后来被明清以来的玻璃镜衣钵继承。中国北方农家的房舍山墙屋脊，常镶一面小的玻璃镜片用来辟邪。

类型不同的萨满神具

哈密的林雅人，首创地制作了多圈同心圆纹样的铜镜，然后向外传播，向东传播至中原地区，一路演出了青铜之路的独幕一剧。萨满巫术活动中，铜镜的出现可能与太阳神祭典有关。林雅人制作的琳琅满目的铜器群里，还有种类繁多的其他器具，许多都不是生产生活中的实用

物，是萨满巫师用的神具，这类神
具也可能被普通人佩挂，用来趋吉
辟邪，与神灵互通，护佑自身。

　　林雅人制作了两件祭典太阳的
神器，造型独特。一件亦是铜镜，
另一件是轮形的镂孔铜器。那面纹
饰铜镜，可谓中国早期铜镜中的至
宝。这是一面圆形的直板镜，直径

7.8厘米，镜边有一小镂孔，可以悬挂。镜面平直，镜背铸出纹样，纹
样的整体为拟人的太阳纹。镜背面的中间铸成圆形人面，人面的中心以
镜的桥形钮，表现突起的鼻梁，鼻梁上侧有对称的双眼，是以圆形的小
突点来表现。人面像的圈外，是射出的密线，长短不一，像是正午太阳
四射的光芒。那件轮形青铜镂孔圆牌，也是中国早期青铜器中的一件瑰
宝。圆形牌饰直径9.4厘米。整体呈带密集"辐条"的轮状，轴心还铸
出小的过梁，可以悬挂。如果不是轮外那一周圆头齿状的太阳光的芒
晕，那么圆形牌饰整个看起来像十分形象的车轮。远古时代，万物有
灵。这是一个神灵无处不在的世界，诸神和平共处。原始人认为，宇宙
之间，隐显和飘浮着诸多神灵或灵魂。他们又大多可分为自然神灵和祖
先神灵。每一次祭典，人们都要围着一位特定的神灵进行祭礼，并伴随
着各种巫术仪式。这面特殊纹样的铜镜和那件神秘的轮形铜器，是巫师
手持或悬于身体的重要神器。远古的世界，诸神齐聚，然则也分主次序
列。太阳寓示着宇宙，它哺育万物成长，原始信仰体系里，不约而同地
将太阳神列为主神，是祭典的主角。风和日丽、阴雨交加、日夜交替、
日出日落，太阳与人类生存息息相关。对太阳的崇拜，不分区域、不分
族群，有始无终。人类对太阳的祭典，是最频繁的活动。林雅人精心制

作出来的这两件神器，无疑是当时人们太阳祭典活动中的重要器物，可谓是当时的礼仪重器。

圆形牌饰无处不在，大小相异，凹凸随器。这些圆形牌饰，多平素无纹，随身携挂。可以想象4000年前的某一天，晴空万里，阳光照耀萨满身上的圆形铜牌、镜面随风晃动，影物绰绰，"神光"流溢。这些

圆形牌饰和铜镜群体，是太阳祭祀器物家族的重要成员。除圆形牌饰铜镜外，还有其他类型的萨满神器，各有寓意。其中的一件圆形牌饰，镜面椭圆，铸出短柄可安接镜把，方便手持。这种早期带柄铜牌的实物，开创了带柄镜的别支系统。

| 林雅人制作的轮形铜饰

林雅人制作的铜器中，除圆形牌饰、铜镜外，更多的是长方形和长方体的牌饰。长方形牌饰，有的一侧端头加铸镂孔，有的在侧边加铸半圆形桥钮，以方便悬挂衣物。有的四周布满孔眼，便于缝缀。长体铜饰中有几件亚腰长方体的铜饰，一般称为蝶形铜饰，引人注目，镜体上铸

出几何纹，亚腰间加铸半圆钮。风格同类的器物，青海卡约文化中也有发现，只是时代要晚得多。另有一类长方体的铜饰，腰间有钮，另一侧又铸成圆銎，似可加柄，形态别致。方形牌饰中还有两件形制别样，引人注目。其中的一件镂孔的方形铜牌，长

| 林雅人制作的长形牌饰

7.6厘米，四周有边框，中间铸出穗状纹样，很像三枝并列的麦穗。另一件是两排并列的麦穗，一端铸出单半环钮，一端铸出三个小环钮。联想到哈密出土的一件彩陶罐双耳上的男女巫师，掌部绘成麦枝，被认为是祭麦之神，那么这件特殊的祭器，是否也与麦祭的农事活动有关，值得思考。林雅人制作的萨满神具里，还有不少的铜铃和铜管。铜铃的个体较小，铃的柄端铸出系孔，铃体呈喇叭状，无舌。吐鲁番洋海墓地发现一位萨满巫师，年代要晚于林雅人数百年。这位巫师，脚穿皮靴，靴面上缀有铜扣，靴帮上捆绑有毛绦带，上系铜铃，铃下缀着铜管。巫师施法时，铜铃、铜管相互碰撞，叮当作响，渲染出来的巫术场面，犹如眼前。

青铜的衣饰和体饰

上面讲的那些铜器，日常也许是为装饰，但大多是在原始宗教领域起作用的神器。还有一些青铜器，则更多的是林雅人追求现实的幸福生活、满足爱美之心的人体装饰。

林雅人制作的青铜体饰，主要有耳环、手镯、项链或脚链，衣饰主要是缝缀或佩戴在衣服上的青铜饰物，主要是铜泡饰等。那些形态大小不一的铜泡，缝缀在林雅人简单的袍服上，铜光闪闪，质朴里透着对美好生活的向往。林雅人最喜戴项饰。林雅人的项链是由铜珠、各种石质的料珠和贝壳混串而成，间或串有方形小骨片。有的林雅人的一座墓中，发现有大量

林雅人制作的穗状镂孔铜牌 |

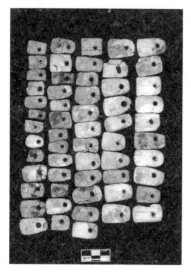

林雅人腰间挂的骨牌

方形小骨片，一端带小钻孔，串起来成排围在腰间。手镯形制简单，就是一个圆圈，古今皆一，形态很难有大的变化。耳环有金圈和铜圈两类。铜圈耳环，铸打成桃形，两端头扁平，是早期耳环比较典型的风格样式，后来流传周边，影响久远。也有人怀疑这里的耳环不是缀在耳垂的耳饰，而是别在两鼻孔间，称为鼻引。究竟是耳环，还是鼻引，目前还难以说清楚。

为神服务的铜器系统

西亚近东的远古居民，最早发展起了青铜冶铸技术，他们更多地把青铜技术，应用到了农业生产与生活，制作出很多的青铜工具和武器。工具和武器类这些实用器具，很容易被不同文化的人群接受，传播的速率很快，短时期内就形成了覆盖西亚、中亚西部，以及近东欧洲的青铜贸易圈。通过这个庞大的贸易体系，促进了西亚近东文明结构体系的不断完善。有人说，正是青铜贸易网络的形成，奠定了西亚近东文明的重要基础。

林雅人居于西北天山东部一隅和哈密盆地，虽然会利用比较纯熟的青铜技术制作各类器物，但和西方比较起来，林雅人更热衷于制作与神灵沟通的神具，营构了东方青铜世界所独有的、为诸神服务的，以铜镜为代表的早期铜器体系。对此，我们试做进一步分析。西北地区，自新石器时代开始，萨满教盛极一时，人们的日常生活被诸神包围，这些神灵，都是当地之神，土生土长，并非由西方传播引入。这和历史时期以佛教为代表的外来神灵截然不同。当地神灵的神性，蕴寓在当地人的心灵深处，营造了一个区域神灵的文化背景。所以林雅人制作出来的那些为神服务的奇妙神器，只能为当地居民以及相通的萨满文化人群接受，难以构成庞大和通达的贸易网络。总体而言，林雅人制作的用于农业和畜牧生产的工具类型较少，武器类的青铜器更为罕见。

小铜刀背后的故事

林雅人的工具类中最多的要数青铜刀了。青铜刀里面，有个别形体特殊。有一件铜刀，呈柳叶状长体，平背侧刃，尾端细卷，并未铸出手持的刀柄，可能安有刀把。还有个别铜刀，刃尖细长外伸，向背侧卷翘。这几件都是铜刀中比较早的形态，最初形态的这些铜刀，很可能与西方传统有关，但它们的出现只是昙花一现。其后，随着铜刀制作业的发展，发展出来定型的、风格化的属于天山系统的铜刀体系。

天山系列的铜刀明显可以分为两类。一类是柄部有环的铜刀，一类是无环的直柄铜刀。前者可以佩挂在身上，随身携带，后者多为居家的厨具。这两类铜刀，公元前2000年前后同时出现在哈密盆地。后来在中国西北边缘游牧文化区和境外周边区域，传播开来，流行了一千多年。进入公元前一千纪以后，随着这些区域游牧步伐的加快，环柄的铜刀快速地消失了。与此同时，北方草原游牧居民又在铜刀的柄端铸出动物纹样，形成了北部草原兽首风格的铜刀，还有其他复杂的铜首造型。青铜时代早期流行于天山和河西地区的环首铜刀，刀的柄部多铸出长方形的凹槽，一般为双面槽，个别为单面槽，有的槽底还铸出几何纹样，刃背平直或尖端上翘，有的槽端明显有注液孔，这些铜刀都是由范模合铸而成，然后再进行打压和修整。更多的是直柄铜刀，这类铜刀的形体多变，柄刃或长或短、或宽或窄，制刀者根据刀的不同用途制作成不同的样子。

中国西北游牧和绿洲草原地区，青铜时代最为常见的铜器要算是这两类铜刀了，这一时期，绝大多数出土铜器的遗存中，都发现有铜刀。铜刀自青铜时代伊始，经早期铁器时代、历史时期，延至今天，由铜刀变成铁刀，形态、材质不断变化。铜刀、铁刀贯穿古今，极为常见。正由于铜铁小刀，随处可见，学术界对它存在的意义反而容易忽视。实际上，这些小小的铜刀背后的人类学意义，甚至比同一时期其他任何一类青铜器，都显得重要。铜刀是绿洲草原游牧居民发明的生活用具，最初是为了切割肉类食品被制作出来，也可兼做它用。肉食是绿洲草原游牧居民家里最主要的食物，金属刀具就像中原农业民族的筷子那样不可缺少。走入中亚绿洲游牧地带，在贩卖传统工艺品的商店里，最醒目的就是各类金属刀具了。经济生活方式决定饮食文化，中原大地的农耕民族，锅里煮着的常常是面食，餐具习惯用筷子、勺子。草原上的游牧民族，锅里炖的常常是肉类，没有刀子难以进食。刀、筷之分，便成了游牧和农耕民族在文化区分上的一个重要的标志性符号。民族、民俗以及考古学的研究中，如果用小铜刀和筷子这两个指标，在地图上划出一个分布圈，它很可能就显示了农耕和游牧民族的文化边界。绿洲上的居民农牧并重，面食与肉食并取，居家生活里筷子和刀子并用。所以，走到一个绿洲牧民家里，主人在餐桌上放一把刀子的时候，还要再放上一把筷子。

畜牧游牧为主的民族，生活中须夷难离的、最具农耕与游牧文化标志意义的这把小铜刀，最早由谁发明？考古上已

| 林雅人使用的环柄首铜刀

经难以找到确实可靠的答案。从目前的考古材料看，青铜时代早期哈密盆地的林雅人，日常生活中已普遍使用成型和成套的青铜刀具，出土的环首带槽的铜刀里，个别是单面铸槽，使用了单范，略显草成。后来开始使用了双范合铸技术，刀体渐趋规范，显示出初始到发展的不同形态。这些青铜刀，很可能与林雅人最初在这一地区的活动有关，出现的时代可能还要更早一些。

青铜工具和武器

除去铜刀，林雅人工具里还有简单的铜针和铜锥，体形较大的青铜工具和武器，寥寥无几。哈密天山北路墓地出土有一把青铜短剑，短柄长体，体似柳叶，把体之间似铸出了护手，像一把三叉护手剑。这把短剑不会凭空而来，有着西方文化的根源，只是形态上开始了地方化的变形。一把铜镰，是唯一的农业工具，弧背凹刃，与当地或河西新石器时代的石镰并无两样。只是林雅人并没有把娴熟的青铜技术和聪明才智，应用到铜剑和铜镰等这些实用的生产工具武器制作上，说明在当时社会文化形态里，制作这类实用工具并不重要，重要的是要制作种种奇巧的与神沟通的巫术神具。有一件形态相当粗鄙的穿銎斧，体小形拙，粗制滥造的感觉非常明显。铜斧系列，可以说是西方青铜文化的专利，西方世界青铜斧相当流行。林雅人试着制造的这件穿銎斧，形态上明显有着西方斧的影子，林雅人试着仿制，但伊始终弃，没有发展起来。另一件工具是铜凿，情况几同穿銎小斧，也是一件并不精致的铸制产品。铜凿类的器物在西方与铜斧并列，也很流行。林雅人也只是试制了一下，便放弃了。工具和武器中，真正流传下来的是铜镞，天山北路墓地出土的铜镞，外形呈柳叶状，带銎安杆。柳叶状风格的铜镞，传到河西和天山的其他地区，在青铜时代早期，流传过相当长的一段时间。罗布泊流域

的小河人就使用样式几乎相同的铜镞。

林雅人制作的一把铜剑

高超的青铜技术

林雅人制作任何一件铜器，依照器类的不同，选择不同的铜料和加工方法。

先说铜器的制法。林雅人比较多的采用热锻方法，其次是铸造。多数器物，在热锻和铸造成了器物的胚胎后，还要进一步细致地锤打，局部修整，称为冷加工。特别是那些具刃的铜器，锋利的刃部一定要有一个冷锤加锋的过程。铜管、铜耳环、铜锥、铜针和少量牌饰，这些形态相对简单的器物，直接用热锻就可以成形。比较复杂的铜牌，尤其是圆形的镜饰、铜镜以及铜镞、铜扣、铜珠、铜手镯和形体复杂的铜刀，则要采用铸的方法。在铸成胚体冷却后，还要进一步锤打修整。林雅人利用石材制作铜器的模子，即石范：有镜范、刀范、牌饰范、珠范、管范、手镯范、镞范等等。选一个合适制范的石材很不容易，为了节省石材，林雅人便在同一块石范上凿出不同的器范，有时还要做出对称的双石范。有了合范铸器技术，铜器制作技术已经相当成熟。这里，暂不说林雅人要得到大量铜料的过程如何复杂，单说他们得到铜料之后，要制出不同的铜器，就要事先制出这么多复杂的石范，就知道当时社会分工的复杂程度。也可以知道当时一定存在为数不少的掌握着冶铜制铜技术的能工巧匠。

林雅人使用纯铜，但只用在少量器物上，大部分器物是合金器物。他们主要使用了铜和锡的合金，即锡青铜。其次是砷青铜，还有极少量的铜锡砷三元合金。另外还有极少铜锡锑、铜锡铅、铜砷铅的合金。后面的这些合金，很可能是使用了杂质比较丰富的共生矿冶铜，是自然混成的结果。这些合金器物，合金的比重差别很大，说明林雅人对其他掌握还不太精确，也没有定制，即便是这样，我们也很难想象，当时这些所用的不同铜料，全都是林雅人自己开采冶炼的。林雅人要想随时随地制作这些类型繁多的青铜器，就要源源不断地获取各类铜材，归根结底他们离不开那个辽阔纵深的世界青铜贸易体系。历史的背景，要比器物本身复杂得多。

锡青铜和砷青铜

林雅人惯于用锡青铜和砷青铜制造青铜器，锡青铜和砷青铜是西方传统的合金技术。先说锡青铜，是西方合金技术的主流，后来，在整个青铜世界流行开来，是青铜合金世界里的主力军，这一点冶金史专家们早有结论。梅建军和潜伟对哈密天山北路墓地出土铜器的成分进行过系统的研究。潜伟选择了89件铜器标本进行鉴定，其结果是，有61件是锡青铜，这显然与整个中亚西部锡青铜的向外传播有关系。林雅人制作锡青铜器的过程中，或是将锡石还原成金属锡，或直接将锡石加入熔融的铜液中冶炼出锡青铜来。

再说砷青铜，更应该特别关注，这是一类极其特殊的合金。林雅人砷青铜器自发现起，就受到了许多方面的热议。专门对天山北路墓地出土的青铜器进行科技研究的潜伟博士，在鉴定的上述那89件铜器标本中，发现10件是含砷的青铜，砷的含量在2%～6%的范围内，类型有铜珠、耳环、手镯、牌饰，是一些装饰品。潜伟的结论却是："砷铜器物的出现应该与含砷铜矿的使用有直接关系"，也就是说，林雅人开采矿料，或者购来的铜材中，含有自然的砷，并不是人工有意的添加。此前，梅建军在研究伊犁河奴拉赛铜矿时，也曾有过同样的结论，但后来，终于发现那里含砷的铜锭，才确认砷是在冶铜过程的中途加入的配料，其目的是制造出砷青铜器物。

我们视野放得更宽一些，回到那张贯穿欧亚的那张巨大的青铜贸易网络，事情会看得更清楚些。砷，原是一种有毒的著名类金属，自然界里存在的三氧化二砷，俗称砒霜，是致命毒物，历史上常被人类用于谋杀。人类最初因何会选择砷为青铜的添加成分，不得而知。而且砷青铜是人类冶金史上出现最早的合金。公元前 4000 年前后，生活在伊朗 Susa 这个地方的人群，制作出了第一批的砷青铜器，考古发现的 19 件铜器，就有 6 件是砷青铜器，可见它并非出自偶然，也不是共生矿的结果。稍后一些，在属于公元前 3900—3500 年的另一处遗址里，发现了 18 件铜器，有 11 件是砷青铜器，含砷量高达 5%，更无疑问，属于人工添加砷，被认为是人类最早使用砷青铜的典型实例。此后，砷铜在整个西方的青铜世界备受青睐，到处传播，并在许多地方逐渐取代红铜而成为最重要的合金。公元前 3500—3000 年，生活在叙利亚、巴勒斯坦、以色列、埃及、希腊及东南欧部分地区的青铜工匠们，纷纷学会了冶炼砷铜，制成器物。公元前 3000—2000 年的意大利、伊比利亚及高加索，都出现过砷铜器。公元前 2500—2000 年，印度的哈拉帕人群，制作的砷铜器也不是出于偶然。相比之下，锡青铜出现的还略晚一些，虽然后来，它代替砷铜成为青铜大军的主力。大约在公元前的第四个千纪，锡青铜才首先出现在近东地区，但真正替代砷铜是到了公元前两千纪初期。西方冶金史家说，早期青铜时代（EBA）的公元前四千纪，和公元前三千纪的中期青铜时代（MBA），砷铜仍占有统治地位，只是到了公元前三千纪末的时候，随着晚期青铜时代（LBA）的到来，锡青铜才取代砷铜成为最重要的金属合金。

亚欧草原西部是发现早期砷青铜的最重要的地区。青铜时代的中期，欧亚大陆交界处的乌拉尔一带就出现了砷铜的重要生产中心。俄罗斯考古学家切尔尼克认为，砷铜代表的是欧亚草原中西部乌拉尔山一带的技术传统，这种技术其后向中亚传播，到了俄罗斯楚巴什地区，阿巴舍沃人那里使用铜器以砷铜为大宗，据切尔尼克统计，零星发现于欧亚内陆北部。赛伊玛—图比诺青铜器群，其质地就是以砷铜为基础的，在353件塞伊玛—图比诺的金属器物中，砷铜（包括含锑的砷铜）有125件，占36%。切尔尼克认为，砷青铜在阿尔泰地区的出现反映了这一技术由西向东的传播。它的第一站，就是天山地区。

砷青铜的东传线路

西方的砷青铜技术，无疑传播到了新疆天山，并继而东传。某种意义上讲，砷青铜的传播线路，成为青铜之路洪流大潮中不可忽视的砷铜小道。在哈密天山北路墓地这10件砷青铜发现之前，梅建军就在哈密五堡墓地，找到了两件砷青铜制品，其砷含量在3%~5%之间。实际上，就哈密盆地而言，最初是在鉴定哈密五堡墓地青铜器时，但没引起注意。近年来发掘的小河墓地，也检测出含砷的青铜器，其中一件铜镞的含砷量达7.1%。新疆以东的河西走廊和甘青其他地区，东至中原地区，砷青铜就像沿途撒下的种子，不断发芽出土。河西走廊西部的四坝文化，最初仅在民乐东灰山墓地检测出几件砷铜制品，当时人们也未意识到它们的出现与早期中西文化的交流有关。后来在检测四坝文化火烧沟墓地的65件铜器时，又找到5件含有少量砷的青铜器，再后来，又对29件样品进行检测时，又找到了13件含砷量超过了2%的含砷铜器，确定为砷铜器。最初，人们对甘青地区齐家文化铜器检测时没有发现砷铜，后来检测齐家文化同德宗日遗址出土的铜器时，在7件铜器中就发现了3件砷青铜器，尕马台齐家文化的8件铜器中找到1件砷青铜器。

最近，人们对甘肃临潭磨沟遗址的 46 件铜制品做无损分析时，竟找到 22 件含砷的铜器，至少有 1 件确认为人工砷铜。甘肃玉门古董滩，是一处重要的青铜冶炼遗址，在这里采集了 2 件残铜标本，都为砷青铜。玉门砂锅梁熔铜遗址采集的 12 件标本中有 4 件为砷青铜器。中原二里头遗址和各期有限的铸铜遗物样品中，发现少量含砷的锡（铅）青铜器，研究表明"不排除二里头遗址存在单独配制砷铜的可能性"。

目前，中国境内含砷的青铜器，几无例外地出土于西北地区。它与西方早期冶铜技术间的关联性，不言而喻。以林雅人为代表，新疆和天山地区，是西方砷青铜技术东传的重要驿站，随之向东，砷青铜在河西一路走过，进入中原内地后渐次消失。不过，冶金史学家还是在长城沿线的朱开沟文化的铜器中发现有砷青铜器，近来对晋南陶寺文化中出土的那件著名的齿轮形铜器进行鉴定时，发现它也是一件砷铜制品。偃师二里头二期遗址中的一件铜锥，也是用砷青铜制成，含砷量为 4.47%。这是砷青铜技术东向分布的余绪。虽然只是偶见，但也能把它们与整个欧亚之间，青铜技术层面的世界性贸易网络联系起来。

青铜器群的异军突起

"谁道天山界两疆，南疆天暖北疆凉，峰巅积雪明如玉，苍松翠村发古香。"用这首诗形容哈密南北两盆地极为恰当。

山北的巴里坤盆地，有草原和水泽，是北疆无垠大草原的一个后花园。这里自古是游牧民族驰骋的舞台，是游牧政权争夺的前哨。山南的哈密盆地，降水量少得实在可怜，年均降水量 47.5 毫米，有的地方才 20 毫米左右，而年蒸发量是 2712.6 毫米。这里是中亚干旱地带降水量最少的区域之一。哈密绿洲盆地多有季节性的沟泉，被流沙戈壁包围，天干物燥。只有白杨河还可以称得上是一条河，其余都是些季节性很强的河坝谷沟。白杨河是一条绿洲飘带，沿山前的戈壁、流沙的边缘，蛇屈盘旋，迂回南下。两岸的绿洲，呈带状星散的分布格局。除作为西域门户的交通关口外，这里的生态环境相当脆弱。就天山地区而言，它既比不上塔里木河水系，有无所不包的宽阔和雄浑，更难比伊犁大河，几乎容纳了中西部天山北坡的所有冰雪融水，再加上北冰洋带来的大量降雨，奔腾咆哮，澎湃西流。

哈密盆地里，林雅制陶女们制作的陶器，绝大部分一目了然具有河西马厂文化的风格。林雅人生活的年代，最早的不会晚于公元前的两千纪初，或者更早，其后延续到公元前两千纪中叶，或者更晚。林雅人生活在这样一个时段，在这样一个生态环境如此脆弱的世界里，竟能制作出大量的青铜器。哈密火车站前的天山北路墓地墓葬密集，总数逾千，说明当年绿洲里的这支社会群体，已经具有了相当大的规模。发掘的700座墓葬中，出土铜器的件数当以千计。这一墓地铜器出土的数量，排在陶器之前。铜器在当时人们日常生活中，极其广泛和普遍使用。青铜器物，完全渗入了社会生活的不同层面。

横贯欧亚的青铜之路，就像是雄伟的天山一样，东西蔓延，道路起伏不平，回旋曲折。在这一路的风景里，林雅人创造的青铜器群，是青铜之路上突兀呈现的一个峰巅。我们寻着这支青铜大军的步履，一路走来。他们涉过中亚北部无际的草原森林，也曾长期居于塞北江南的伊犁河，挖空了那处品位最好的奴拉赛铜矿；一支人群在进入天山腹地后，雕刻了那举世无双的康家石门子岩画；大军汇于塔里木盆地的东部，占据了塔里木河——孔雀河大三角洲，创造并留下了著名的小河文化。单就沿途所见，这支前后相望于道的青铜大军，所制作的青铜器物，考古发现甚少，只见树木未见森林。倒是环准噶尔盆地西北缘带，采集和征集的青铜器，从器形的种类到风格，都延续着西方青铜器那古老的话题。

如果说林雅的彩陶主要出自东来的彩陶女之手，那么制作大量的青铜器应当是男人的工作。男人们制作青铜器时，有章有法，成套成组，分工细致而明确。更重要的是，我们将林雅文化的青铜器，与欧亚西部青铜器相比，发现青铜器的风格上发生了骤然的变化。显然青铜之路到了这里，走了成千上万公里。哈密盆地，成为青铜之路的重要驿站、也是关键的转折点。如果我们将青铜之路在中亚西部和西亚欧洲传播的那段，称为青铜之路的西段，把由中亚北部草原南下越过阿尔泰山系，至天山西部这段曲折道路，称为青铜之路的中段，那么自东部天山的哈密盆地开始，向东直指中原腹地，就是青铜之路的东段。林雅人扛着新做的变革后的青铜大旗，逆着滚滚西进的彩陶之路东进，揭开了青铜和彩陶对话的真正序幕。

青铜之路上，青铜器群所发生的这场巨大变革，或者暴发式的重组，为何会发生在河浅沟短、生态底子如此之薄弱的哈密绿洲呢？完全是历史的奇妙安排。历史的老人像是一位哲人，他常常做出让人意想不到的选择，改变了整个历史的轨迹。考古研究有着天然的局限性，考古学家经常告诫人们，一切历史解释都要由考古发现并研究过的那些看得见摸得着的实证，俗称是要让考古发现"牵着牛鼻子"走。这无疑是正确的，但过于拘泥于材料本身，又妨碍了人们综合材料，合理推测，做出更合乎历史史实的判断。就说天山北路墓地，无论规模多大，它都不会孤立存在，周边一定还有他们的邻居。尤其是林雅人制作了上千件的铜器，可想当年这里炼炉成排，铜匠成群，邻里之间切磋铜艺，蔚然成了社会风气，形成主流社会的文化传统。这并非是一蹴而就、朝夕可成的新的文化传统，虽技术层面和个别器物，有着外来基础和形式上的仿制，但整体并无外来的文化遗绪根脉，并非主流，不是文化完全的移植。林雅深厚的青铜文化底蕴背后，一定还存在一个更早的孕育发展时期。天山地区青铜时代开端的年代，一定会向历史的更深处延伸。

彩陶与青铜的对话

公元前 2000 年初，或者更早的时期，究竟发生了什么事情，让居于哈密盆地一隅的林雅人，在青铜手工业方面造就了如此辉煌的、突如其来的成就？

那个时候，东天山地区有两支人群，几乎同时出现在哈密盆地和塔里木盆地东部。其中一支是东来的以彩陶为符号表征的人群，他们最早出现在哈密盆地的时间，至少可以追溯至公元前三千纪的末尾。另一支是西进的掌握着先进冶铜技术的人群，他们一拨一拨入居到塔河中下游，在河谷岸边生息繁衍。两支来自截然相反方向、掌握着东西方文化技术层面核心机密的人群，隔着低缓的天山东部余脉，相邻而居。各自创造着内涵丰富、独特异彩的文化。这正是中亚东部，古老西域青铜时期早期，文化布局上的奇丽景观。文化传播是文化的天然属性，没有静止和不变的文化。文化的碰撞交融，是文化再生与创新的原动力。终于有一天，当在两支人群出现在东天山不久，不约而同开始了你来我往。两支文化群体的融汇面和融合度，在后来的岁月里，意想不到地加宽、加快。当时，人们还没有所谓的文化抵触情绪，没有族群观念，也没有严格的宗教信仰。抱团生活是人类的天性。这两支来自完全不同的文化群体的人们，一朝握手，即相融在一起，证据就是我们前面所讲到的那成组成套的青铜器群的出现。他们迸发出的文化创新能力，孕育出来的新的文化体，竟让后来的那些考古学家，睹之思之，不得其解。

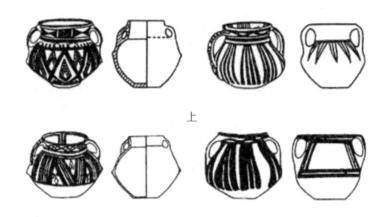

上

下

| 林雅彩陶与四坝彩陶比较（上：林雅彩陶；下：四坝彩陶）

我们无法复原那段历史的真实场景。但也不是没有一点线索可寻。林雅女子制作的陶器，大多仿其故土的马厂和四坝文化。但是后来，她们还特地制作出一种新的器型，外形有点类似筒形陶器，样子十分接近

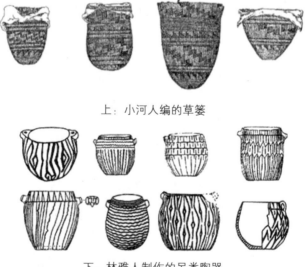

上：小河人编的草篓

下：林雅人制作的另类陶器

| 林雅人与小河人器物比较

小河人编织的草篓，器表装饰也模仿了草篓的编织纹样。这些我们在前面已经说过。小河氏族的那位女首领，表示神权与世俗权威时所使用的铜镞和铜镜，样式与林雅人所造别无两样，这些发现一下子拉近了小河人与林雅人的距离。小河人遗骸保存得出奇完好，相关遗传学研究一直在深入进行着；林雅人虽然留下来的只是些残缺不全的朽骨，但就这些朽骨，也能测出他们同时具有东西方人种的成分。实际上，林雅人的遗传可能会更复杂些，原因是有为数不少的小河人加入了进来，教会了这个团体冶制青铜，并用青铜制作了大量的神器。当然，小河人群中新增的东方人种基因，更可能是同时期的林雅人带给他们的。再就是铜器功能与类型，林雅人制作出的那些形态各异的神器，其背景当与甘青河西地区，石器时代至青铜时代萨满教的昌盛有密切关系。

河西走廊的青铜曙光

马家窑铜刀突兀呈现

对于漫长和无限丰富的人类历史来说，我们今天的考古发现，只是历史长河中的星点片断，仅仅是与历史上极少数群体或个人某一小部分的生活相关，在数百数千年、甚至数万年的地下埋藏过程中，经历了自然或人为的破坏之后，成为残缺不全的残迹和遗物。考古研究的历史告诉我们，依赖这些万里存一、残砖断瓦式的考古发现，想要完整地解读历史，存在着天然的局限性。而且考古的发掘工作，虽然程序科学，严肃认真，但总归是人工作业，不能完全排除考古本身某个环节会出现意外。考古发掘又是一个对古代遗存完全"毁坏"的过程，是一个无法对发掘程序的科学性进行复检的工作。因此考古学追求材料的客观和真实，实际上，也无法完全满足与实现。

我们在考古发现和研究中，常常会遇到这样的情况，有的发现出乎意料，让人大惑不解，或者一石击浪，或为人们关注的新热点。1975年，甘肃东乡林家马家窑遗址发现一件青铜小刀，就是一次出人意料的发现。这件铜刀，背部略呈弓形，圆头，柄部甚短，系单范铸成。经鉴

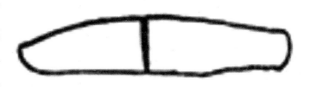

定，这把刀是用锡青铜制成，含锡量约在 6%～10%，年代经科学测定，推测在公元前 2800 年左右，这

马家窑文化的铜刀 |

个年代也出人意料地早。近些年来，随着测年技术手段的不断进步，研究者对西北和中原地区那些传统命名的考古学文化，进行了重新测年，常发现过去对这些文化的测定年代往往偏早，有的会偏早数百年。马家窑文化尚未做这个工作，对出土铜刀的考古单位，再度进行年代学研究认定，实有必要。这把不起眼的铜刀，如果确实是公元前 2800 年的人工制品，毫无疑问，它是中国境内目前所知最早的一件成型青铜器。因而，这把不起眼的残刀，一经出土，就引起学者热议。多数学者引证为中国冶金术的开端，同是也有不同看法。比如说，有学者疑惑这么早的青铜器，孤独偶见，又是含锡量那么高的铜锡合金，青铜冶铸技术，怎么会在一夜之间达到这样高的水平，非常可能是由共生矿炼成。然而，地质学家们说，铜和锡的共生矿自然界中极少，况且西北地区到目前为止，尚无这样的矿脉资料可寻。几千年前的马家窑人，又到哪里去寻找连现代人都无从知道的铜锡共生矿脉呢？即使同一时期步入青铜器冶炼成熟期的西方，也还以砷与铜的合金为主，铜锡的合金出现和流行时间也要晚。

马家窑文化的那把铜锡合金残刀突兀呈现，疑点多多。不管怎样，偶见也好、偶成也罢，这把铜刀放在了博物馆里，清清楚楚地标注着它是公元前 2800 年的马家窑人聪明与智慧的结晶。这是冶金史研究者所无法绕过去的巨大问号。

马厂偶见的铜器及其他

马家窑文化的那把铜刀之后，历史又过了六七百年，甚至更久的一段时期内，冶铜业并没有在当地延续下来。马家窑类型时期到马厂类型时期诸多遗址和墓葬中，考古学家苦苦寻觅铜器，但一无所获。公元前3千纪的末端，历史进入到马厂类型人群活动的时期，情况也好不到哪去，只发现了3件铜器。

马厂人使用过的这3件铜器出自河西走廊，特别是河西走廊的西端。一件是过于残破的铜刀，还有一件是铜块和一件小铜锥。铜刀只余刀尖部分，出自于永登的将家坪。小铜锥和小铜块，出自酒泉苜蓿地和照壁滩。铜刀经激光光谱分析表明为锡青铜，而铜块和铜锥则为红铜。公元前三千纪末的这个时期，有一支从河西出发的马厂类型人群，涉过黑戈壁，入居东天山的哈密盆地。到了哈密盆地的马厂人，自然地与当地土著的居民融合在一起，很快变成了真正的土著，其后他们又不断地迎来一批又一批、更为深度混血、沿着青铜之路来到这里的他方客人，历史在这样的人群交错互动中，不断前行。自西向东，自北向南，接踵而来，在欧亚北部草原虽然有过混血的经历，但与东来的人群相比，体貌上的区别依然明显，他们是一支具有欧亚西方人种的体貌特征的人群，操着与欧亚东部人群完全不同的语言。东西方人群广泛接触是马厂文化晚期青铜器初现的历史背景，这几年连续大规模发掘的张掖西城驿遗址取得巨大突破，进一步证明了我们的推断。东西人群交媾通婚，很快就相混为一个新的社会集团。

东来西往的人群，很快结为混合型的崭新的文化体。他们利用西来传统的铜器技术，制作出与传统决裂的新的青铜器群。青铜技术在哈密盆地得到空前的发扬光大，结出青铜之路上异香四溢的硕果。当然，文化交流是双向和多向的，西来的人群进入河西的年代，不会太晚于河西人群西进天山东部的年代，他们前后相望汇聚在哈密盆地。青铜之路的历史，是一条连绵不绝的线，史前人类迁徙和文化交融，完全是自由自在的行为。相比而言，东方彩陶艺术的西进，文化传播上，更多的是意识流。意识形态要被异地异质的文化人群认可并接受，需要经历一个文化的孕育、孵化阶段。外来的意识形态文化，一旦变成地方文化，就会产生深度的文化整合效用。铜器的传播就不一样，它的器型虽为文化产品，但核心是要掌握铜器的生产流程，关键是它复杂的工艺技术，怎样能被异地和异质的文化人群掌握。这种文化的传播，更多地体现在技术层面。虽对当地文化有过整合，但终归没有意识形态文化的渗入那样透彻。

传播的过程是复杂的，那些无意识和有意识的细节，今天的人们已经完全参透。无论如何，马厂人已经使用过一件铜刀和一件铜锥，无意中留下一个小铜块。历史地讲，东向迁移的人群不会只带着孤零的三件铜器。张掖西城驿的发现与研究，将会给我们带来关于河西马厂人冶铜制铜业发展程度的最新信息。除此之外，这一时期新疆东部天山与河西走廊文化关系的线索有关。第一，河西和河湟地区，偶见有一类圜底的橄榄形陶器，无疑是西来文化因子，只是其特别罕见，很快消匿在滔滔的彩陶大河中，很难被人们注意。第二，是突然出现在马厂彩陶文化中的著名宇宙符号"卐"。这一世界性符号是人群自西向东迁徙的重要例证，前面章节里已经有过交代。第三，就是小麦种植技术、牛羊畜养技术的初传，后面还有专门的介绍。要进一步说明的是，进入天山地区的彩陶文化，在对整个天山地区史前文化整合后，天山山脉的史前文化便以全新面貌呈现出来，犹如东亚以黄河流域为中心区的彩陶世界，向西伸出去的一个轴形半岛。相比之下，马厂文化并没有因多种西来文化因素的介入，呈现出那种明显的文化改造。西来技术因素与马厂人的社会文化深层关联度不高，它的影响不会像西去的彩陶那样深刻和广泛。马厂社会文化的一切，依然遵循着古老的传统。

齐家铜器的西承东接

齐家人群的四向扩张

在马家窑文化谱系马厂文化类型退出历史舞台的时候，西北甘青地区的黄土高原和河西走廊地区，崛起了两支文化，它们源流各异，内涵井然有别。一支在东，一支在西，东为齐家文化，西是四坝文化。这两支文化年代略有错落，东西遥相呼应。前面讲到，青铜器在马厂类型的文化群体中还处于萌芽状态。当青铜技术与器物，进入到齐家和四坝文化后，便快速成长起来。

齐家文化源流深，分布范围广。齐家文化人群登上历史舞台后，在甘青地区东部的大河及支流水系，获得了广阔的发展空间：这里有交叉如网的水脉，有依山铺展、宽阔平坦的黄土堆积，起伏连绵相望接续的塬地。马家窑文化谱系的人群，扯着猎猎的彩陶大旗，一千多年间飘荡过甘青西部河源上空，又转势汇流于河西走廊，成为彩陶之路最为辉煌的一段。齐家文化发轫于甘肃东南部，泾河、渭河、汉水流经区域都是它的故乡。历史到了齐家、四坝时期，这个曾把彩陶文化推向巅峰的甘青东部一带，器物的形态和装饰，也渐渐洗去了利用无限圆鼓的器腹，来表现神意昂然神秘画面的历史遗风。神韵渐失，陶器形态向实用和世俗之物蜕变，器表加饰些绳纹、篮纹、弦纹，附加堆纹、划纹等，多有承热、受热和加固器物的物理功能。由马家窑谱系的唯彩是葬，转换成了齐家谱系的唯玉是葬。由前者用彩陶那无限变化的画面作为通神的祭坛，变换成后者以玉琮、玉璧、玉环、玉璜作为通神的祭坛。目前发现的齐家玉器数以万计，齐家文化的原始宗教信仰，以全新面貌呈现出来。

　　齐家文化人群，所居地域辽阔，向四周呈开放的态势。齐家文化底蕴深厚，随着不断的开放与融合，很快就成为西北甘青、宁夏一带，最为强势的部落人群。齐家人从登上历史舞台的那天起，就开始向西部扩张，并与马厂文化类型的人群集团形成东西对垒态势，不断挤压着马厂人的活动空间、势力范围。韩建业结合齐家文化由东向西发展的历史，将其分为早、中、晚三期。到了齐家文化的中期，齐家人已经步入甘肃中西部、青海东部和宁夏的南部，一部分齐家人甚至与马厂文化人群交错杂居，在同一区域共生。随着历史的推进，齐家人不断地将马厂人群从甘肃的中部和青海东部挤了出去。向西拓展的齐家人，自然地会接触和接受马厂彩陶遗风，考古学家便在广河的齐家坪、武威黄娘娘台等墓葬中，发现了那些具马厂类型风格的圜底彩陶罐。另外一些齐家文化遗址中，还发现有属于齐家文化独有风格的彩陶器。齐家彩陶与马厂彩陶相比，区别和联系还是比较明显的，齐家人多用直线几何构成局部纹样，纹样分布在器物的颈部和腹部，多见对顶的三角纹，有的学者称其为蝴蝶纹样。不过，彩陶文化的鼎盛期已经过去，齐家人群并未接过马厂人的彩陶大旗，再度发扬光大。在齐家人的排挤下，马厂人抛家弃舍，顺河西走廊西向迁徙，最终抵达新疆东部天山的哈密盆地。在这里，他们与西来的人群相遇，才发生了东部欧亚历史上，值得大书特书的，东西方人群在哈密融汇合流的重大历史事件。

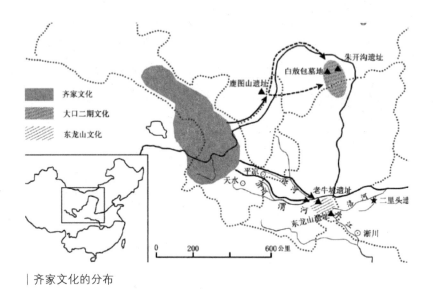

| 齐家文化的分布

(图片来自陈小三博士论文《河西走廊及其邻近地区早期青铜时代遗存研究——以齐家、四坝为中心》图 5.25)

　　齐家人群的文化势力，在西北地区快速扩展。他们以甘青为根据地，大规模东进北出。其中的一支，顺着黄河向北推进到黄河几"字"形的顶边，流布在内蒙古中南部的鄂尔多斯高原。这里分布有朱开沟文化，因而朱开沟文化的陶器群中，平添了齐家文化的典型器物双大耳陶罐和折肩罐。另一支向东扩展，进入到了传统认为的夏文化核心区域。河南偃师的二里头文化的陶器系统中，就平添了具齐家文化典型特征的花边纹陶罐。当然，最为重要是紧随陶器而去的青铜技术和器物，它对推进中原早期的文明进程发挥了重要的作用，这将是后面我们要谈的重点内容。

西北青铜文化圈说

　　东部天山哈密盆地的林雅人，制作过大量的青铜装饰品，工具只有铜刀、铜锥等少量的几类。这些铜刀，其后沿着河西走廊，在整个西北片区广泛普及开来。铜刀是铜器中最常见的器物，日常生活中随处可用。如果我们把视线从那些体形较大、形态复杂、象征权势，别具宗教深意的孤零器物上移开，专注于这些不起眼的小铜刀，就可以把西北片区的青铜器，网罗成一个内陆欧亚青铜文化的特区。前面讲到，这些铜刀流行的区域，大体与西北辽阔的游牧文化区重合。我曾与另一位学者撰文，认为这一区域构成了一个相对独立的青铜文化体系，可称其为西北青铜文化圈。当然，西北青铜文化圈里，还包括其他一些因素，我们这里不能一一提出来讨论。

我们的这个看法，受到了学术界的关注。青铜之路，步入东部天山后，一路东进，开始了与东西向彩陶之路的同途逆向互动、彩陶与青铜对话的历程。梅建军博士借用戴蔻琳关于"彩陶"和"草原冶金"两个传统的说法，评价过笔者的这一建议。他认为这个概念是较为适当的，它的确有助于从总体上把握西北地区早期冶铜业的区域特征，无论是齐家还是四坝或天山北路文化，尽管其铜器与"欧亚草原冶金区"有着千丝万缕的联系，但这些文化有一个共同的特征，那就是都使用彩陶容器，同时也拥有一些独特的铜器类型，这暗示着区域性技术创新的存在。这样一种"既联系又区别"的观点，对当下认识和讨论早期青铜冶金术在中国其他地区的发展具有重要的启示意义。

文明交汇的十字路口

齐家文化所处位置，是真正意义上的东西文化交汇的十字路口。从这里向西通过新疆天山，深入中亚西部和西亚，那里是世界早期文明的发祥地之一，向北是内陆的欧亚草原，那里最早诞生了草原文明；沿着黄河向北，通向中国北方草原地带，那里是中国早期游牧文化的重要发源地；向东直入中原文明起源的核心地带，黄河的中下游区域；向南穿山越岭，进入长江上游。这里是中国大河的源头区域，无数的支流自西向东，扇面状展开，构成了中原文明的起源与发展的西部怀抱。由这里有不断顺河东流的文明汁液，给中国早期文明的起源，提供了丰富的营养。也对其后汉唐文明步入鼎盛，输入了难以估量的文化动力。

多数学者认为，齐家文化起源于陇山山麓。陇山也称为六盘山，在甘肃、宁夏和陕西交界处，南北走向，是陕北黄土高原与陇西黄土高原的分界，也是渭河与泾河的分水岭，自古所说的泾渭分明指的就是这里。齐家文化的主要源头，可以从这一区域龙山文化晚期的相关文化中寻找，它明显与客省庄二期文化关系密切。齐家人在向西的发展过程中，与马厂人在黄河上源支流区域相遇，并展开文化的角逐，最终挤走了马厂人，整合了青海东北和甘肃东部的大片区域。齐家人的一支，进入到青海东部的河湟地区，这里原是马厂人活动的重要根据地。齐家人到来后，对这里的文化进行了改造重建，形成了以柳湾墓地齐家文化墓葬为代表的文化类型，有学者称其为齐家文化的柳湾类型；另外一支，分布在兰州到河西走廊的武威，南至临夏地区，以武威的皇娘娘台遗址为代表，称为齐家文化的皇娘娘台类型，是陇山山麓龙山晚期文化西进，并发生汇流整合演变的结果。近年来的发现表明，齐家文化的后期，活动在洮河上游的人群形成了新的文化，称为齐家文化的磨沟类型。

齐家文化的年代和分期，研究者众多，新说频出。但一般认为，齐家文化崛起之初的年代，在公元前 2100 年前后，即公元前三千纪末，结束于公元前 1450 年前后，即公元前两千纪的中叶。这一年代框架，与天山东部地区的小河文化，哈密盆地的林雅文化大体重合。最近，采用最新的科技手段，对齐家文化一些典型遗址，再度进行年代重测，得出的结果，比原来拟定的年代要晚上两百年左右。齐家文化在甘青地区兴起年代的上限，会不会还要晚一些，尚可存疑。无论如何，齐家文化在公元前三千纪末和公元前两千纪初的一千纪之交，已经出现在了甘青地区。

齐家铜器的发现与讨论

甘青西北的史前考古，20世纪80年代以前，曾经热闹一时。其后研究者的目光逐渐移焦于中原地区、西辽河流域、长城等北方地带，以及长江的中下游地区。西北史前考古因而备受冷落，长期寂寞。几十年间，在一片寂然的西北史前考古中，唯西北青铜器的研究，肃然独行。李水城说这是西北考古研究一片冷寂中的亮点。

西北史前考古寂寞中的热闹，多多少少与齐家文化青铜器的发现与研究有关。齐家文化的铜器发现并不像哈密盆地的林雅文化那样，暴发式的密集呈现，而是陆续且零散出土。到目前为止，不计宁夏等地，就齐家文化核心分布区的甘肃和青海来讲，出土铜器还是寥若星辰。甘肃境内发现齐家文化遗址650处，青海境内发现齐家文化遗址1100处，墓葬遗址的分布相当密集，出土器物数以万计。在近两千处齐家文化遗址里，出土铜器的遗址和墓葬，只有十多处，不到百分之一。屈指算来，重要的有甘肃武威皇娘娘台的30件、青海贵南尕马台的49件（关于这一遗址能不能算是齐家文化，后面还有新说）、甘肃积石山县新庄坪的12件、甘肃武威海藏寺的12件、甘肃永靖秦魏家的8件、青海互助总寨的4件、甘肃广河齐家坪的3件。铜器的种类也不多，有刀、斧、锥、环、矛和镜等，铜器的总数不过130件。

齐家文化这些零散的铜器，包括后面我们还要专门论及的四坝文化的铜器，这些铜器被发现之后，国内研究文明起源的著名学者，一时高度关注西北。严文明认为"火烧沟地处河西走廊的西头，在这样早的时代竟有如此发达的青铜工艺，看来中国的青铜文化，是不会只有一个源头"；张忠培说"黄河上游及甘肃西部地区的青铜文化的发展水平较高，而且它们之间存在很大的差异，这说明中国青铜文化的起源不是一元的，而是多元的"，并进一步指出这里的青铜文化，"就其技术发展水平来说是一孤岛"，"很可能与中西文化交通有关"；安志敏说的更具体，他说"中国铜器的起源，很可能是通过史前时期的丝绸之路进入中国的，偏处在西北地区的齐家文化，早期铜器的发展远盛于中原地区，可能是首先接触到铜器的使用，并影响及龙山文化"。安志敏的观点，视野更为辽远。但是，这些有深意的提醒，并未演变成学术的纵深研究。直至近年以来，才有中外学者将西北青铜器研究的视野，放在整个内陆欧亚大陆的环境中论述。这其中，用力最深的学者，主要有中国的梅建军博士、李水城教授，法国学者戴蔻琳和美国学者胡柏。

1995年，菲兹杰拉尔德•胡柏在美国的《早期中国》杂志上，发表了一篇长文，试图用考古的实证，来探讨中国早期铜器与境外文化的联系。该文认为齐家文化受到了塞伊玛——图比诺文化的影响，证据是齐家文化的一些铜器在形制上与塞伊玛——图比诺文化的同类器物有诸多相似之处，还分析了齐家青铜器与巴克特里亚地区的关系。同年，戴蔻琳完成了《中国西北地区的新石器时代到青铜时代——齐家文化及相关问题》长文，提出齐家坪遗址发现的双耳斧和塞伊玛墓地发现的铜斧很接近，只是没有几何装饰而已。

暂时抛开他们提出的新识与争论，细细揣摩他们的研究，就会发现，他们将齐家文化与欧亚草原联系起来的证明材料，都是偶尔发现的那几件成型的武器：一是齐家坪遗址和岷县杏林遗址出土的两把铜斧，一是出自青海西宁沈那出土的铜矛。

齐家铜器的时代坐标

铜器在齐家文化分布范围内，主要发现在齐家文化柳湾类型人群集中分布的青海东部的河湟区域，以及河西走廊的东部一带。分布规律是西多东少。李水城说，齐家文化铜器发现的区域，向东不过洮河。

齐家铜器出现的时代，是西北青铜器研究的关键问题之一，争论较多。据张忠培先生对齐家文化的分期来看，这一文化的初始阶段，是没有铜器的，后来才有零星的青铜小件，情况有点像马厂文化类型青铜器的发现。不过，没过多久，齐家文化人群中极少数群体，开始较多地使用铜器工具，拥有了青铜装饰品。武威皇娘娘台墓地，处于齐家文化相对较早的阶段，这里发掘墓葬共88座，只在一座三人合葬墓中一女性的腰间，发现了一枚铜锥。我们很难确定这座墓在皇娘娘台墓地所处的时间节点，但足见当时人们基本不用铜器随葬，或者铜器还非常地稀缺，这和我们在哈密天山北路墓地遇到的情况，有着天壤之间的差别。皇娘娘台遗址中出土有一组青铜工具，包括刀、锥、凿、钻等，说明当时人已经开始利用这些工具加工器物。皇娘娘台墓葬和遗址出土的这些工具和装饰品，都被张忠培先生分到齐家文化的三至五段里，年代不会早于公元前的2000年。齐家文化中，经过科学发掘出土过铜器的重要遗址，还有秦魏家遗址、齐家坪遗址、大何庄遗址等，都被张忠培先生

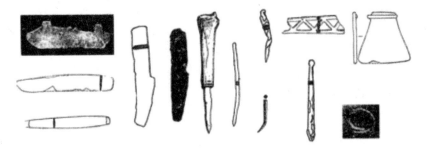

齐家文化的铜器 |

分到了齐家文化的六～八段，年代相对更晚一些。还有一些齐家铜器采自地表，难断年代。考古发现与研究表明，铜器的制作并没有贯穿齐家文化的始终，空间分布上也不普及。齐家人登上历史舞台，走过一段不短的路程后，也只有极少数人，在这一文化的中晚期，才接触到了铜器。

过去人们论证齐家文化青铜工业发展所达到的水平时，常常举出青海贵南的尕马台墓地为例证。尕马台墓地发掘墓葬40多座，材料尚未发表，人们并不知道这一墓地究竟出土了多少铜器。齐家文化的铜器，包括出土和采集，总共有130余件，李水城说尕马台墓地就有49件，出自40余座墓葬。比起齐家文化其他墓地和遗址，尕马台人在青铜工业方面，着实显赫一时，如鹤立鸡群。尤其是这一墓地的M25，出土了一面七角星纹的铜镜。该铜镜一经出土，犹如投石击水，激起了关于铜镜探源的涟漪。尕马台墓地墓葬的布局和葬俗葬式非常奇特，40余座墓葬，排列比较整齐，墓葬里多葬单人，也有合葬墓。40余座墓葬中，有30多座为俯身葬，有一些个体的头颅还不知了去向，也有二次葬和扰乱葬现象。这些墓葬习俗，与其后的卡约文化相类相近。铜器中除那面知名度极高，一度被当成是中国早期铜镜始祖的七角纹铜镜外，其余多是一些装饰品，有指环、手镯、铜泡等，也与其后的卡约文化铜器风格相类似。反之，尕马台墓地从埋葬习俗到铜器风格，与齐家文化差距较大。所以，近来有的学者认为，尕马台人只是齐家人的后裔，他们已经演变成了早期的卡约人，不能再算入齐家文化的范畴。尕马台墓地年代的上限，不会早于公元前1500年。

齐家大型铜器探源

齐家文化中，除去那些青铜小刀和装饰品外，最引起学者们兴趣的，是那几件青铜工具或武器。这几件器物形体相对大些，权可称为齐家文化的大型铜器。

关注这几件铜器的学者比较多，意见相对一致，认为齐家坪遗址和岷县杏林遗址的铜斧，青海西宁沈那的那把铜矛，与塞伊玛——图比诺现象有关。欧亚考古学界里所说的塞伊玛——图比诺现象，指的是东起蒙古，西抵芬兰这样一个广阔的区域内，东西数千公里间存在的具共同特征的一组青铜器群。目前发现的属于塞伊玛——图比诺青铜器群的金属器物有 422 件，铸范 30 件。塞伊玛——图比诺没有陶器，也没有居址，墓葬中少见人骨，能反映其文化特征的只有铜器，因此有学者称其为塞伊玛——图比诺现象。青铜器中以柄端饰有动物形象的刀和剑，以及表面饰有几何纹样的竖銎斧为代表。塞伊玛——图比诺铜器的年代，俄国学者多认为在公元前 16—14 世纪，少数学者倾向于更晚或更早一些。著名考古学家罗越把塞依玛——图比诺铜器的年代定在公元前1700—1500 年，大致归入安德罗诺沃文化体系。近来哈萨克斯坦的考古学家又提出了一种新的认识，认为塞依玛——图比诺铜器年代可早到公元前 20 世纪，晚到公元前 18 世纪，其年代与齐家文化年代大体相当。无论将来塞伊玛——图比诺年代如何界定，青海所发现的这几件孤零的武器，年代都不会太早，顶多早到公元前两千纪中叶，或略早一些。青海西宁沈那的那件铜矛，梅建军认为它与西伯利亚鄂木斯克附近，属于塞伊

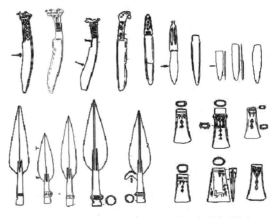

塞伊玛——图比诺现象的铜器 |

玛——图比诺现象的茹思托夫卡墓地所出土的铜矛相似，前者尖部圆钝，明显是一件礼仪性用具，而后者矛身窄而尖，为实用的武器，沈那铜矛当是茹思托夫卡铜矛的演变型。日本学者高滨秀认为这件铜矛的年代在公元前 16—15 世纪。日本另一学者三宅俊彦，则认为这件铜矛是由塞伊玛——图比诺同类器物发展而来，时代更晚一些，甚至到了卡约文化的中期以后。无独有偶，杏林遗址出土的那件单耳竖銎斧，还有一把有柄弓背刀，胡柏认为其也受到了塞伊玛——图比诺现象的影响。梅建军说，塞伊玛——图比诺现象的影响，可能还包括齐家坪遗址出土的那件双耳竖銎斧。

齐家铜器与天山铜器

齐家文化人群，在青海东部和甘肃西部形成后不长的时间里，偶见有铜器也不足为奇，因为，原居在此地的马厂人已经接触了制铜技术。冶铜制铜技术，传到齐家人手里后，并未像哈密的林雅人群那样，迸发出超乎寻常的青铜文化创新能力，进而创造出独特的青铜器物群体。比较东天山与河西走廊青铜器放在一起，我们发现，林雅人在青铜工艺上有超乎寻常的表现，从而使这里成为青铜之路的东段，在青铜文化由西方传统向东方传统演变的过程中，最重要的一个青铜文化传播的策源地。

齐家文化那一组数量不多的青铜工具或武器，在东天山哈密盆地的林雅人和罗布淖尔的小河人制作的青铜器群里基本见不到。林雅人唯有铜镜是随葬的传统，主要是镜形饰品和其他装饰小件以及小铜刀等。武器类只试着做了一件三叉护手的短剑和一把相当草率、体小形拙的穿銎小斧。在小河墓地只见到一面铜镜和铜镞。但这些，并不能证明林雅人和小河人从未制作过青铜工具和武器。小河人的氏族或部落，每有一人

离世，就要举行规模不小的丧葬仪式，要砍若干胡杨巨树或红柳，用来
制作各种神秘木器，直接用胡杨原木削尖顶端，立为高耸的祭柱，所有
木器和高大祭柱，砍削痕迹都十分整齐，一些细小木器的加工，至细至
微，非有十分锐利的金属工具难以成型，当时社会当应有不少专门制作
木器的能工巧匠。只是小河人并不将这些青铜工具拿来随葬，因此给我
们留下巨大的合理推测的空间，也留下了难解的历史谜团。林雅文化的
情况，也同此理。林雅人在制作数以千计、类型繁多的青铜器过程中，
他们依照西方青铜工具和武器的模子，做出努力。只是没有进一步将其
发扬光大，伊始终弃而已，他们把更多精力与才智，应用到了装饰品和
日常生活中更需要的小铜刀和铜锥等的制作方面。

　　齐家人使用的铜器，除上述工具外，其他的饰品，比如牌饰，耳
环、手镯类等，多可在林雅人制作的同类器物中找到本源。只是齐家人
制作的这些器物，在形态上有地方性的变化。从整个青铜器类型方面来
讲，齐家人并不像林雅人那样，富于创新，大部分器物都是对西来青铜
器的传承。只有一类在背部按柄的铜刀比较特殊，甘青地区这类铜刀发
现的数量较多，相对普及，而在哈密林雅墓地只是偶见。它应当是甘青
地区青铜时代人们的首创，这类铜刀，不是为了切割肉类食品，相反它
更方便割谷刈穗，是农业经济的生产工具，他逆向由河西传入新疆东部
天山。齐家文化青铜器的真正转型到建立起来新的青铜文化系统，可能
到了这一文化的晚期，即磨沟人活动的时期，才以全新的面貌登上了历
史舞台。

火烧沟居民的铜器阵风

火烧沟四坝文化居民

火烧沟墓地位于甘肃玉门县，是四坝文化的代表性墓地。四坝文化分布在河西走廊的西部，四坝文化遗址于 1948 年由著名的国际友人路易·艾黎发现于山丹县的四坝滩。新中国成立后陆续发现了几处规模比较大的墓地，人们对四坝人在河西走廊西部的生活，了解得越来越多。

四坝人在河西走廊生活的区域，大体上东起山丹县，西到安西，到了河西走廊西段底部的边缘。四坝人再继续向西，便踏入了河西走廊伸向东天山的一段黑戈壁。这段黑戈壁，流沙肆虐、恶风骤至，四坝人正是穿越了这段人迹罕至的荒漠，出现在了哈密盆地绿洲，走出了彩陶之路的天山通道。四坝文化的起源，据李水城的研究，是由马厂文化经过了一个所谓的"过渡类型"，出现在了河西走廊的西部区域。马厂文化向四坝文化过渡时期的遗存，以瓜州的潘家庄墓地最为典型，因此有学者便直接称其为潘家庄类型或者遗存。最近几年连续发掘的西城驿遗址，让我们对马厂文化向四坝文化的过渡看得更清楚些。毫无疑问，同一区域的马厂人群是四坝人最为直系的祖先。与此同时或略早，强势东来的齐家人群，在马厂文化向四坝文化过渡的那个时期，与之东西相望而居。齐家人是在自东向西驱逐马厂人的过程中，遇到了四坝人群的崛起，阻断了他们继续西进的步伐。不久以后，齐家人完成了他的历史使命，在河西地区悄然退出了历史舞台。

分居在河西西部的四坝人群，文化主流沿袭了马厂人群。同时，因其在一段时期内，也与齐家人群东西相邻，自然会被打上齐家文化深深的烙印。当地的马厂文化与东来的齐家文化对四坝文化的贡献，主要体现在彩陶方面，是彩陶之路进入河西西部所演义的交替传承故事的继续，特别是变形蜥蜴纹的流行，揭开了河西走廊动物神话的新篇章。逆向而来的青铜大军，自东天山的哈密盆地出发，火烧沟是其东进的第一站。飘荡在河西走廊西端的青铜长歌，与彩陶那意蕴十足、平缓舒畅、余绪飘漫的音调相比，节律更强，它像一首快速的变奏，又像一阵疾风骤雨。河西西端与哈密盆地那一带黑色戈壁，难以阻隔，文化交流的滚滚洪流，四坝人青铜器的异常突现，无疑是近水楼台的结果。

四坝人制作的铜器群

四坝文化的墓葬，在河西西部的山丹、民乐、张掖、高台、金塔、酒泉、玉门、瓜州都有发现，均位于祁连山以北地区。最初，在属于四坝文化的墓葬和遗址中，铜器只是零星的偶见，到了1976年，考古工作者在玉门市的火烧沟发现并发掘了火烧沟墓地，这里青铜器的大量出土，引起了学界的震动。

火烧沟墓地傍河临沟，北望祁连，绿洲依山向北扩展。这里的沟土赤红，晚霞之下的赤土，犹如火焰，火烧沟也因此得名。遗址上面，建有一所中学。1976年，正是在修建此中学校舍时，发现地基之下是一片密集的原始墓地。火烧沟墓地共发掘墓葬312座，其中的106座墓葬随葬有铜器，出土铜器总数多达 200 余件。这比齐家文化铜器发现的总数还要多。

河西地区，属于四坝文化的遗址数量并不多，但每处墓地都有铜器出土，只是数量多寡不一。除火烧沟外，酒泉市的骨崖墓地出土了 48 件，是四坝铜器的另一个重要发现地。另外，民乐东灰山墓地发现 16 件，安西鹰窝树墓地发现 7 件。近年来，在火烧沟墓地附近，

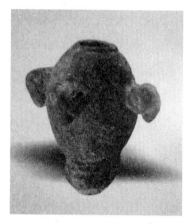
| 考察火烧沟的四羊铜权杖头 |

又发现一处四坝文化的墓地，出土铜器 20 余件，还出土了铸造铜器的陶范。四坝文化遗址目前发现的铜器总数，接近 300 件。不久前，西城驿的发现再度给四坝文化青铜群增添了全新因素。

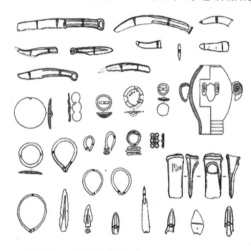
| 四坝人制作的铜器

火烧沟居民的铜器阵风

玉门火烧沟墓地的发现表明，公元前 12000 年的河西走廊最西端部分区域铜器曾一时流行。沿着玉门的火烧沟墓地向东，铜器发现的数量锐减。东灰山遗址的发掘，可以说明这一问题。东灰山在火烧沟东，是四坝文化的一处重要生活居址。这一遗址，像一座小的土丘，横卧在祁连山北麓平坦的原野上，十分醒目。当地人称其为灰山，是因为其西边十几公里外还有一座西灰山，东西呼

应，两遗址的文化性质相同，遗址面积大，堆积厚，形成的时间长。东灰山南北伸展，形如卧龙。遗址南北长 600 米，东西宽 400 米，高出地表 5～6 米。遗址的东北不远，是当时氏族集团的公共墓地。东灰山墓地发掘墓葬的数量仅次于火烧沟墓地。两墓地东西相距不远，中间有绿洲相连，可谓大道通途，没有丝毫地理上的阻隔。东灰山居民与火烧沟居民相邻而居，文化根脉同枝同源。尤其是彩陶文化，可谓同母同胎。这里我们单说铜器的发现，火烧沟墓地三分之一的墓葬发现有铜器，铜器类型有斧、镢、镰刀、凿、刀、匕首、矛、镞、锥、锤、针、泡、钏、管和镜形饰，相当丰富。火烧沟向东走一段不远的路程就是东灰山居民的活动区域。东灰山墓地，发掘的 247 座墓中，只有 10 座墓葬里随葬有铜器，且每座墓里只有 1 件，器小类简，工具只有几件尖头的铜削和小的铜锥，装饰品也只有几件铜手镯和耳环。东西毗邻的同一文化的两个部落，群体规模差距不大。当年两部落的人群，你来我往，相熟相知，甚至可以联姻通婚。但是在对待冶铜铸铜这件事上，两者态度上迥然有别。西部的聚落，铸铜工匠们热闹非凡，炼炉相望，火焰缭绕。东边聚落工匠零落，并没有把冶铜当成大事，只是制作了几件器型简单粗率的小件工具和装饰，给人聊胜于无的感觉。想来，青铜冶铸工业在哈密盆地骤然兴起之后的东传，一度成滔滔之势，穿越黑戈壁涌入河西西部，与火烧沟居民相汇于赤色沟畔，点燃了这里青铜业的火种，并且依然保持着燎原的态势。然而前行不远，遇到东灰山居民，不成想对西来的青铜态度冷漠，更热衷于在陶器的器表勾画一些变形蜥蜴纹样。就这样青铜工业初传河西走廊的火焰，被呼啸而来的彩陶劲风，再次吹拂成了幼小的火苗。

西来铜器群的翻版

居于河西西部的四坝文化居民，在冶铜制铜技术和器物类型风格上，几乎全盘接受了哈密林雅人的工艺传统。暂不论青铜器制作方法和铜器成分，两者如出一辙，单说器物类型，两者就存在极大的相似性，足以让人惊叹。唯一不同的只是，在一些特殊的器物上，四坝人有了进一步的创新发展。

四坝文化的材料尚未全部公布于世，仅就目前搜集所知，四坝人群使用的青铜器物中，装饰品亦为大宗。以火烧沟居民为例，他们制作的铜耳环、手镯、扣饰、牌饰、铜镜和镜形饰、螺旋形的铜管、蝶形饰品等，类型与器型，都可以与林雅人群一一对应，只是在细微处略有变化，在数量多少上有差别。细细比较起来，林雅人更倾心制作铜镜和镜形饰，火烧沟居民虽然也仿制过不少的这类器物，但终归没有林雅人那么上心。火烧沟墓地出土的铜镜或镜形饰类的器物，不仅数量锐减，公布的材料里，也未提及一面纹饰镜。铜镜是青铜之路上的独特器物，是一朵奇异之花，但它只在林雅人那里一枝独秀。铜镜文化向东传入河西，很快式微。整个河西走廊，那种铸出框沿、背部加钮、绕钮铸纹的早期铜镜稀若辰星。受材料的限制，长时期内，人们对铜镜一路走来的历史并不清楚，便将齐家人偶尔制作的或是通过贸易获得的镜形圆牌，戴上了中华第一镜的桂冠。值得留意的是，与林雅人制作平面圆形铜饰不同，四坝文化居民更多地制作出正面凸圆、背面加钮或不加钮的圆形铜泡，这一点有点类似林雅人制造的圆形平面装饰，大小不一，差别有序。大者形如阳燧，小者形如铜扣。这类铜器，后来在河西地区和黄河上游的河湟一带普及开来，成为这一区域青铜时代到早期铁器时代青铜器群中的重要类型。凸面的圆形大铜泡很可能就是阳燧，它聚焦阳光，用来做引火的器物。但也可能身兼两职，与铜镜一样，同时又是原始宗教的巫具。林雅人制作的形态特殊的方形铜牌，在已经公布的四坝文化青铜器的材料中，也未提及。细心观察，林雅人制作过数件蝶形铜饰，有更特殊的宗教寓意，被火烧沟的居民所继承，后来又被河湟地带的卡约人所承袭。卡约人制作的蝶形饰，其钮不在腰部，而铸在端头，还加铸上动物纹样，制作的更为规范。其余那些装饰品，都是流行的常见之物，火烧沟居民与林雅居民所制作的几乎完全一样。耳环和手镯的头端，打压成圆头或椭圆头，耳环多成桃形。管饰中依旧流行螺旋管，衣物铜饰中依旧流行联珠饰。螺旋管和联珠饰，其后成功地贯穿了整个河西走廊，并走出河西走廊的东口，呈扇面状展开传播，在整个中国西北青铜时代和早期铁器时代的铜器群中泛滥起来。而在哈密以西的天山地区，则成了罕见器物，从这类螺旋状管饰，在河西走廊的流行情况看，它最早由四坝人创造，继而逆向西传的可能性完全存在。林雅文化中最早兴盛的，几乎是林雅人首创的，带有林雅范式的那成批成对成组的环首和直柄铜刀，完整地被火烧沟居民照搬了过来，然后又一路向东，呈扇面状传播。前面我们也讲过，青铜小刀东向传播的外环线，抵达了农耕文化圈的西北外围。铜刀的形态，虽依自然地域和文化的脉流不断求异变新，然而其形态上的原始和传统风格依旧可辨。林雅人制作

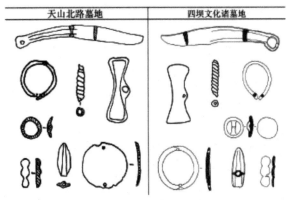

天山北路墓地与四坝文化铜器比较 |

(图片来自陈小三博士论文《河西走廊及其邻近地区早期青铜时代遗存研究——以齐家、四坝为中心》图 5.14)

过几枚铜镞，是柳叶形带銎孔式，还铸出一侧带有倒刺的铜镞，这可能是目前所见时代最早的带刺铜镞了。火烧沟居民还制作过铸铜镞的砂岩质双联石范，可见，铜镞使用量大，广泛被铸造。这也从侧面说明四坝人的社会矛盾激化的程度。

工具武器类的制作上，火烧沟居民领先于林雅居民。如果说林雅人制作的那把粗糙简陋的穿銎斧，只是个试验品，那么火烧沟居民已经铸造出不同样式的铜斧了。其中一把穿銎斧，形态中规中矩，是中亚北部草原十分流行、成批生产的此类铜斧的典型范式。有一把竖銎斧，体态修长，刃窄锋利，伐树杀敌，前所不能及。有一把短体宽刃斧，形态古朴，像是仿了石斧。有两把铜矛，一把尖首圆銎，很像是一把红缨枪；另一把为柳叶状矛头，带有较长的铤銎。火烧沟人还铸造出了一把铜匕首，造型复杂独特。匕首体为叶状，柄部出栏，柄端圆首，需要较高水平的铸造工艺才能铸出。

权杖头的东传之路

最能够反映四坝文化火烧沟居民高超铸铜工艺的，当属那件著名的四羊首青铜权杖头。

这件权杖头，常常被看做是中国早期冶铸铜器技术发展的阶段性和标志性器物。其外形，很像是一个梨状的铜管，中部圆球状鼓起，中空，高8厘米，口径2.8厘米。权杖下体有穿銎的短管，铸成平行的四道凹螺旋装饰，銎管中有段木柄，权杖梨状突鼓的腹部，铸出对称的四个羊首，羊角圈卷，虽未细致表现羊首，但神形具备。四羊装饰的青铜权杖头，需要多模合范的技术才能铸造出来，表明火烧沟青铜工匠的合范技术所达到的娴熟地步。权杖是仪式大典使用的圣器，四坝文化遗址，除这件青铜权杖外，还不断出土石质和玉质的同类器物，只是未加装饰，一般都制成圆体，中间可穿孔的样子。

李水城先生最早注意到中国西北地区权杖头的发现及其意义。据他的考察，北非的埃及，早在前王朝时，即公元前3000年前，法老们已经普遍手握权杖，显示自己拥有绝对的宗教权威和对世俗世界的绝对控制权。埃及宫廷使用的这些权杖表面，雕刻出缠绕的花纹，或加以乳丁类装饰，庄重华丽。著名的图坦卡蒙法老的墓内，出土过两件真人大小的鎏金塑像，塑像人手里持金色权杖，威严无限。近东的两河流域是世界重要的文明起源中心，早期的国王，也常常用权杖来显示王的权威。这里发现的权杖，形体有圆形、梨形等等，不一而足，质地除石质外，还有的用玉髓、玻璃、青铜制成，类型众多。有一件权杖，是乌尔第三王朝的显贵所用，权杖的头上，刻有楔形文字，意思是把这个权杖献给女神。死海以东的纳哈尔·米什马尔发现一藏宝洞穴，窖藏出土有400余件砷青铜制品，据说年代在公元前3500年前，足见这一时期，砷青铜技术发展的程度。这些砷青铜制品中，不少都是权杖头。近东地区，历史到了文明起源之初，那些初登王权宝座的国王们，甚至那些不同级别的权贵们，已经习惯了手持权杖，以显示他们的凛凛威风。

权杖是西亚早期文明特质的代表性器物，是神权和世俗权力的标志物。权杖由近东开始向四周传播，黑海里海的周边、高加索和乌拉尔一带，也频繁发现玉质、青铜质的权杖头。控制了北方草原大部区域的安德罗诺沃文化联合体，其社会集团中的权贵，也纷纷使用权杖，显示其特殊的身份地位。权杖头很可能和青铜器技术一样，由中亚北部草原区，转而南下天山，东入河西。新疆是西北地区权杖头发现最集中、重要的发现区域，相当多的史前墓地都见到石、玉质地，甚至青铜质地的权杖头。长期以来，这些权杖头，都被考古学家看成了一般的穿孔石球，也与一段藏匿极深的历史，擦肩而过。天山地区所见的权杖不胜繁举，类似火烧沟的铜质权杖头就出土过两件，一件出自天山南麓开都河流域，一件近年才发现于乌鲁木齐南山河谷，形体相同，只是未加装饰而已。新疆所见两件青铜权杖头的年代，都在公元前两千纪的前半叶，与权杖头共出的器物，明显具北方草原传统风格。著名的罗布泊小河墓地也发现过一件权杖头，它出自一座独特的墓葬中，这座墓被安置在公共墓区之外，这座墓葬结构特殊，是围成里外套间的房屋式墓，墓主人的身份，我们推测可能是凌驾于整个氏族部落成员之上的大祭司、大酋长。据说，这位有绝对权势的小河部落的显贵，极可能是一位女性。她

| 小河女酋长使用的石权杖

的墓室内放置一件白石制成的权杖，权杖的銎孔中还残有木柄。可以想见，小河社会集团举行不同仪式时，女酋长挥舞权杖时的神圣与威严。

中国西北甘青一带，是权杖分布的又一重要区域，最早的甚至可以追溯至公元前3000年左右，就像马家窑文化的那把铜刀一样，如判断无误，权杖头可以作为东西文化，在比青铜之路形成的更早时期的，交流与接触的线索与证据。目前为止，未见权杖头出现在中原内地的任何迹象，这类带有西方王权性质的文化因素，自西向东传播的路径，终止于西北。总的看来，权杖头在甘青地区河西和河湟地带的发现，大体与青铜器的发现情况相同，主要见于马厂文化、齐家文化、四坝文化遗址和墓葬。这不会是偶然的巧合，权杖头的频繁东传，无疑与青铜之路掀起的浪潮有关。

喇叭状耳环的辽远足迹

火烧沟的居民，制作过一类耳环，数量很少，是喇叭状铜耳环。

喇叭状铜耳环，因其耳环的一端呈喇叭口而命名，它的另一端细成尖锥，整体弯曲成椭圆。造型奇特而别致，在琳琅的青铜装饰品里，分外引人注目。喇叭状的耳环，考古发现不算太多，但分布区域却极为广大，主要出自中亚北部草原地带。这类耳环，被认为是安德罗诺沃人的天才创造，他们把耳环下坠的一端做成喇叭形，是为耳饰。这也成为安德罗诺沃人典型的一个文化标志。

安德罗诺沃文化在中亚北部草原地区崛起后，势力强盛，短时期整合了中亚大部区域，考古学家们称之为安德罗诺沃文化联合体。这类形态奇异的耳环，随着安德罗诺沃人的四面迁徙，被带到极为辽阔的区域。上世纪九十年代初期，林沄先生认为夏末商初长城地带，夏家店下层文化的人群，曾经有人戴过这类耳环，发现它们和叶尼塞河以西安德罗诺沃人戴的耳环，惊人地相似。1998 年，艾玛·邦克提到了北京平谷刘家河墓葬中出土的一件喇叭状的金耳环，年代晚到商代中期，她就此谈及金、铜质地的喇叭状耳环，在整个欧亚西部草原的分布情况。西方最远的喇叭状耳环，出自咸海地区阿姆河旁的一个叫塔吉尔门·塞的地方。中亚草原最北的托斯克城附近一个小台地上，出土过喇叭状金耳环。林沄先生认为，这种特殊造型的铜耳环背后的文化，不能用偶然相似来解释，这极远距离之间的点线联系背后，是人群远距离的互动。上世纪末，俄国人公布了他们在哈萨克斯坦阿拉木图的发现，他们在寇泽尔布拉克的 I 号墓地和 II 号墓地中，发现了一些喇叭状耳环，耳环的口部，或呈圆形口，或呈扁形口。日本的东京博物馆藏品中，有一件喇叭状耳环，环上加立羊形装饰，高浜秀一眼看出，它源于安德罗诺沃文化。类似的耳环也被蒙古国中央国立馆收藏过，蒙古国的这件，与蒙古前杭爱省南部台夫什•乌尔古墓出土的金质发饰相似，那金质发饰上，装饰有后来卡拉苏克人习惯装饰的盘羊头，年代可能到了公元前两千纪中叶前后。有学者从耳环出土位置判断，这样的耳环似乎不是戴在耳上，而是约束下垂的鬟发的鬟环。

| 甘青和中国北方地区发现的喇叭状铜耳环

火烧沟居民制造的体型不大的喇叭状耳环，后来又出现在齐家人的墓地。磨沟墓地属于齐家文化晚期，随葬品中有一枚体形较窄，一端呈短喇叭状的垂饰。这偶见的奇形耳环的背后，牵连着更为复杂的故事。面对突然出现在河西走廊西端，火烧沟人群里少见的喇叭状耳环，林沄预测到，这里的"喇叭口耳环是从哈萨克斯坦的东部经伊犁河谷，由新疆传布到四坝文化中的"。

新疆纷出喇叭状耳环

就在林先生提出"喇叭口耳环，是从哈萨克斯坦的东部经伊犁河谷，由新疆传布到四坝文化中的"这句话前一年的 2002 年及以前，整个新疆还没有见到一件喇叭状耳环出土。

2003 年，有一支考古队出现在新疆帕米尔塔什库尔干河畔一个叫下坂地的地方。塔什库尔干河是叶尔羌河的两大支流之一。帕米尔是世界著名的山结，阻隔东西，屏障南北，中亚西部、北部、天山东部和印度河流域的文化在这里交汇，是一处自然和文化的分水岭。帕米尔山的海拔高度，多在 3000 米以上，山巅白雪皑皑，冰川密布，山脚的河谷地带气候干冷，水泽之处多有低草植被稀疏点缀。塔什库尔干是帕米尔山麓的一条大河，汇合 20 余条山涧小溪而成，盘山蜿蜒，至下坂地一带，两岸山势奇陡，山体风化、怪石横出，山坡地带乱石飞溅。塔什库尔干河，纵穿横绕，时而天悬一线，时而别有洞天。下坂地就处于这样的一处较宽的河谷里，谷底水旁，飘零着少许村落。公元前两千纪后半叶的某一天，安

帕米尔下坂地人带的喇叭状口耳环 |

德罗诺沃文化联合体的一支，很可能由伊犁河谷出发，穿越天山河谷通道，迂回来到这里，也可能从帕米尔高原的西侧，跋涉过瓦罕走廊，入居塔什库尔干河畔。不论他们走的是哪条道路，公元前两千纪的下半叶，环境极度严酷的偏僻之所，一时变得热闹起来。

安德罗诺沃文化联盟中的一支，来到塔什库尔干河时，安德罗诺沃文化已经步入了晚期。下坂地的安德罗诺沃人，给死者修建的地下寓所浅小狭窄，入葬时死者的上肢下肢被蜷屈于胸前，侧身而卧。部分死者的身边，随葬着一件或残缺或完整的安德罗诺沃式缸形器，只是这类风行中亚北部近千年的缸形器物，延传到此处此时，已经是素面粗陶，体小胎糙。部分死者，还佩戴着那只著名的安德罗诺沃式耳环和手镯。下坂地人戴的喇叭状耳环，制作得还很规整，是用铜或银的丝管，锤打成喇叭状耳坠和一端的尖钩。喇叭状耳坠，用铜片打压成卷，多不合缝。银耳环制造的工艺，大体与此相同。

回到伊犁河谷。库克苏河是伊犁河的三大支系之一，特克斯河支

流，水量丰足，清澈见底。库克苏河流经的天山西部北麓，有北风吹来的北冰洋水气，水气迎山爬坡，形成降雨，加上山峰所贮冰库的融水，造成库克苏河两岸沃土万亩，碧野千顷，草茂林密。伊犁河的另一支流，位于尼勒克县的喀什河，风景比特克斯河畔更为奇美。喀什河奔腾咆哮，当地人都称它是小老虎。2010 年，新疆考古所考古队，在这库克苏河和喀什河流域，找到了安德罗诺沃文化联合体分支人群频繁活动的足迹。在所见的两处墓地里，属于安德罗诺沃墓葬的数量不多，多为竖穴土坑，有的一侧带有短浅的墓道，死者亦侧身屈肢。随葬的是典型的安德罗诺沃式的缸形陶器，器物体态适当，器表光滑，陶质坚硬，器底加有圈足，是安德罗诺沃文化的地方变体。器表压印的几何纹样，是安德罗诺沃文化的典型传统风格。其中喀什河流域的安德罗诺沃人，还

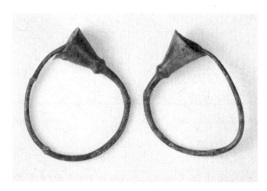

戴着著名的安德罗诺沃式的喇叭状耳环，那耳环制作得精致美观，还有用铜珠串成的足链和手链。2012 年，中国社会科学院发掘风景秀丽的博尔塔拉河谷阿敦乔鲁巨石遗址时，发现极少的几件金属器物，

| 伊犁河谷汤巴勒萨依人戴的喇叭口耳环

其中就有一件金制的喇叭口耳环，据所测的碳十四数据，年代可能早到公元前两千纪初。这当是新疆地区发现的时代最早的喇叭状耳环了。

喇叭状口环的东传

四坝文化的火烧沟人群，偶见的喇叭状耳环，保存着安德罗诺沃文化喇叭状铜耳环的基本形态，但整体上看，要比安德罗诺沃文化典型的

喇叭状耳环粗制一些。安德罗诺沃式的耳环，如果由伊犁河传入天山，转辗传播到河西走廊，在东天山地区应当会留下些蛛丝马迹。然而哈密盆地的天山北路墓地未出土过一件。很可能，林雅人生活在哈密盆地的时候，安德罗诺沃人还未进入这个地区。喇叭状耳环进入河西，年代要晚一些。近年来，在甘肃洮河上游陈旗磨沟发现一处大型的齐家文化墓地，出土铜器偶见有喇叭状的铜耳环。磨沟墓地是齐家文化最晚期的遗存，年代下限很可能晚于公元前两千纪的中叶。这为甘青地区，喇叭状铜耳环流入的年代，提供了新的考古证据。

四坝人在河西最早生活的年代，在火烧沟墓地发现后，曾测过碳十四数据，大约可定在公元前1900—1500年。2014年的8月，笔者参加了"火烧沟与玉门历史文化国际学术讨论会"，会上最大的收获之一，是知道了通过更先进的测年技术，再次测定的火烧沟墓地的年代，结果比原来所定的年代要晚200年前后。所以，四坝人在河西活动的时代，很可能比原来推算的要晚一些，如果向后推200年左右，会晚到公元前1700—1300年左右。系列的考古发现表明，这一时期正是安德罗诺沃文化联合体的分支，沿着天山最为活跃的时期。也可能正是这个时候，安德罗诺沃联盟分支人群在向东互动的过程中，将喇叭状耳环和其他的文化因素，传到了河西走廊一带，被火烧沟居民所接受。

西北甘青地区的青铜革命

考古学家在甘肃东乡马家窑文化中偶见到的那把铜刀，年代在公元前2800年前后，它在甘青地区青铜冶金史上的价值和意义不宜过高估计。随后，马厂文化遗址出土了极为零星的残铜刀和铜渣，肇始甘青地区青铜业的发生，真正拉开了甘青早期铜器革命的序幕。再其后，处于甘青东部的齐家文化，若干个遗址里总共搜罗出铜器130余件。这130

余件青铜制品，不包括近年来才发现的磨沟遗址，它在齐家文化中年代最晚，比起以往发现的齐家铜器，磨沟铜器的风格骤然变化，是青铜文化在甘肃地区出现大变革的前奏，实难将其不加分析地全部列入齐家文化青铜器系统。实际上，关于磨沟墓地是否属典型的齐家文化遗存，学术界还有争论，有学者就怀疑它的年代要晚于齐家文化，属于另一类遗存。再说齐家文化一度被认定的那 130 余件铜器，大部分是考古发掘品，还有一部分是遗址采集品，个别为征集得来。这些铜器出自不同的遗址和墓葬，它们所处遗址和墓葬的年代分期，究竟处于怎样的相对位置，难以一一确定。整体看来，齐家文化的早期铜器属于偶见，这是研究者们共同的结论。另外，随着人们对齐家文化不同区域不同遗存的考古材料，再度进行分门别类的细致整理、深度考察后，一部分传统认为属于齐家文化的铜器，逐渐被排除齐家文化的阵容。比如，一度被当成齐家文化青铜武器中最先进代表的西宁沈那铜矛，最有可能不是齐家人使用，而是后来的卡约人手里的武器。齐家文化十来处出土过铜器的遗址中，出土铜器频率最高、类型也最为丰富的是青海贵南的尕马台墓地，40 多座墓中出土铜器达 49 件，但这一墓地年代要晚于齐家文化，它很可能介于齐家文化和卡约文化之间。那件出土于尕马台墓地，长期被奉为铜镜起源标志性证据的七角星纹铜镜，也因而失去了合法性的外衣。这样细算起来，目前统计在案的，真正能列入齐家文化的铜器还不足百件。

无论如何，公元前 2000 年以后，青铜业在齐家文化分布区域里的少部分遗址，像雨后春笋一样成长了起来。青铜器真正被甘青河西史前人群普遍和广泛地接受，是活动在河西西部区域的四坝文化人群。四坝文化人群形成的年代，要略晚于齐家文化，有相当长的重合期。可以断定，四坝人与齐家人，同时期相邻而居了相当长的一段时期，在和平共处的那些岁月里，在青铜技术方面，双方互相学习和借鉴的事情会频频发生。

甘青地区的青铜革命，兴于公元前两千纪的前半叶。青铜革命的到来，推动和改变了西北和东亚的历史进程。甘青地区青铜革命的发生不是天降神火，空穴来风。它的导火索，是更早时期新疆东部天山一带谙熟青铜冶铸技术的人群，即林雅人群，东进河西走廊所点燃的。

中原青铜器的萌芽

姜寨遗址黄铜片之辩

1973 年，考古学家在陕西临潼姜寨遗址的一座房址，发现了一件小铜片。这座房址的编号为 29，年代排在姜寨一期，属于仰韶文化早期的半坡类型。铜片就镶嵌在房子的居住地表。据碳十四测定，这间房子建于公元前 4675 年左右。这一铜片不大，长宽各 1～2 厘米。经过成分测定是一块合金，是锌青铜，即黄铜，含锌量甚至高达 25%。

众所周知，锌青铜是所有青铜合金中出现时代最晚的一类。因为氧化锌在 950℃～1000℃ 的高温下才能较快地被还原成金属锌，而液态锌在 906℃ 时已经沸腾。就是说在提炼金属锌的过程中，需要特殊的冷凝装置，如控制不好火候，一不小心，锌就会在沸腾中化为蒸气。锌铜合成的黄铜，色泽酷似黄金。历史时期以来，中原社会尚金之风逐渐浓烈，使用黄金装饰的地方很多，帝胄贵宅、各级衙门、绅士府第都要铺金镶银，金碧辉煌，特别是在崇佛时代，金身佛像遍布天下，对黄金装饰需求更大，纯金自然供不应求，因此常以黄铜代之。另外，流行了几千年的铜钱里，也要溶入些黄铜，这样的铜钱就会呈现金光灿烂的色彩。历史时期，中原地区黄铜的需求量居高不下，而独立提炼冶铸黄铜的历史相当晚，直到明代才有了完善的冶铸黄铜的技术。西方世界约在公元前的 13 世纪，已经学会了提炼锌并制作锌青铜的技术。历史时期一千多年间，中原所用黄铜原料全从西方进口。吐鲁番阿斯塔那晋唐墓地出土的文书中，记载过当时的商贸活动中，人们从波斯购入波斯毯的同时，购入了黄铜并辗转贩至中原。新疆和青海等地的考古发现中，零星见有黄铜实物，年代晚到了晋唐时期，或者更晚。李文瑛和林梅村都考证过，黄铜是丝绸之路贸易中的重要商品。晋唐以来的中原地区，黄铜虽被使用于各个方面，但在中国的文献中，却没有出现过黄铜一词，而是称为鍮铜或者是鍮石，不明就里的人初读文献，并不知道鍮石为何物。明朝人李时珍写《本草纲目》时，仍使用鍮石一词，发现它可以入药，并且知道它的原产地在西方。

由上所述，我们知道黄铜不是中原地区的传统之物，姜寨遗址的那件黄铜片，更要审慎对待。那件黄铜片出土后，学界投来怀疑的目光，自然合情合理。安志敏先生最早著文，对这件黄铜片的存在持怀疑态度，多数学者因拿不出过硬的证据证明它存在与否，大多采取了沉默认可的态度。只有冶金史家们情有独钟，想方设法证明它的存在是客观的。围绕着这件铜片的多方论证与研究，也成了一时焦点。这件黄铜片发现不久，北京钢铁学院冶金史组经过反复试验，提出这件早期黄铜的出现完全有可能，只要有铜锌矿存在的地方，原始冶炼（可能通过重熔）就可以得到黄铜。姜寨黄铜片虽为个例，但铁证所在，客观真实让人不得不接受。因此这件小铜片被列到中国冶金史研究里最显赫的位置。

将姜寨的铜片与甘肃东乡马家窑的那把铜刀相比，虽都是偶见，但也有不同。马家窑所见铜刀是件有形的残器，数百年之后，马厂文化人群承接了冶铜技术。参考其他的发现，如前所述的权杖，和后面还要讲到的牛羊的驯养，以及一些象征符号的传播等，作为东西文化交流的前奏，马家窑文化到马厂时期，偶有西方过来的冶铜巫师，随着一小股人群进入河西之地，留下把铜刀的可能也不能完全排除。即便这样，我们依然建议，对马家窑文化那把铜刀存在的价值和意义，不要估之过高。姜寨所出土的铜片是对冶铜技术要求至高的黄铜，锌的含量高达 25%。冶金史家们假定，姜寨人在前无古人后无来者的背景下，找到过一块含锌很高的铜锌共生矿，成功地冶炼出了黄铜。虽然冶金史界将其当成中原冶铜史上划过的一颗流星，但是，整个过程缺少背景，又是多个偶然因素的叠加，因此对它存在的价值和意义，还要留下足够的质疑空间。

黄河流域初现铜器

即使姜寨那片黄铜存在，但直到 1500 年后的公元前 3000 年左右，才在中原的黄河流域开始偶见有铜渣与铜锈。就铜器工业来讲，这中间 1500 多年的缺口，确实是一个无法绕过的大问题。

公元前 3000 年以后到公元前 2000 年前后，中原的青铜制造业，朦胧中略显起色。中原及周边区域，发现的新石器时代晚期遗址不可胜数，单说铜器，考古学家只有两次意外的发现：一处在山西榆次源涡镇仰韶文化晚期遗址，在一块陶片上偶见铜渣；另一处出自山东泰安大汶口文化晚期遗址，是在一件骨凿上发现了铜锈。这两次发现被考古学家和冶金史研究者，当作龙山时代人们会冶铜的重要例证。漆黑一片的中原冶金历程长夜里，这些残渣遗锈，像是历史长廊中的点滴火星，因为它们的存在，就不能完全排除是品位较高的青铜矿无意间留下的遗迹。公元前的三千纪后半叶，中原地区进入到新石器时代晚期的龙山时代，这一时期，黄河中下游地区发现的遗址数量倍增，出土的早期铜器略有增加，但仍只是个别遗址中的偶然所见，少量是铜片的残块，未见成型器物，部分亦是铜渣锈迹。学术界确认，这些铜器残块、铜渣锈迹，代表了中原地区早期铜器发展最初的那段岁月历程，并将这一时代，定性为铜石并用时代。

陶寺遗址的文明之星

襄汾县位于山西中南部，隶属临汾市，处于临汾盆地。这里东有太行支脉塔儿山，西靠吕梁。汾河由北向南纵贯其间，汾河流经地区，一马平川，沃野无际。襄汾县的陶寺村，有人口三千多，是晋南平原最为普通的一处农寨村落。公元前三千纪后半叶的中段开始，中原历史进入到龙山文化的晚期，周围区域的原始聚落纷纷向中心聚落发展，如火如荼，形成了邦国林立的局面，中原历史的大变局正在孕育。山雨欲来风满楼，黄河流域伊洛盆地东部区域，一个巨大的文明体孕育于母胎。相比之下，偏居晋南临汾盆地一隅的陶寺，似乎并没有跟上历史的脚步。从整个龙山晚期黄河中下游聚落群的分布情况看，陶寺的聚落并不多么起眼，几乎是最小的一个群体。历史学家们爬梳古籍，认定这里是夏人先祖的重要活动区域，考古学家循着历史学家们提供的线索，沿汾河踏找。1978 年，发现并开始发掘陶寺遗址，连续数十年，发掘出了一个远近有名的陶寺。

考古研究表明，龙山晚期汇聚成的陶寺聚落，经历过两三百年的辉煌。陶寺方国的统治者们，已经可以组织数万名的部落成员，修成了面积达 280 万平方米的城圈。同一时期，中原内地、长江流域、松辽平原，就连中国文明起源核心地带的郑洛地区，这

中原龙山文化的铜器残片 |

一时期最大的城址才不过 30 多万平方米，一般的在 10 万平方米左右，更多的是数万平方米。陶寺大型遗址包括有 1000 多座墓葬，墓葬规模大小有序，显示出金字塔式的社会等级结构。发现的大型墓葬均遭破坏，劫后余存，有的墓室内还有上百件精美的随葬品，有成套的礼仪重器，包括有彩绘(漆)木器、彩绘陶器及玉石器组等。

陶寺文明的历史过程，让人目睹了初入文明门槛时期人类之间的冲突，有序演变的氏族社会开始了激烈的社会动荡。潜伏了数百上千年的社会矛盾公开化了。冲突、整合与变异，是催熟文明之果的原生动力。

|陶寺文化蛇纹彩陶盘

公元前三千纪末到公元前两千纪初的陶寺社会，暴力时时发生。陶寺贵族长期安居的宫殿，一朝就被那些加工石器和骨器的手工业队伍占领。城市聚落的废沟里，有 30 多个人的头颅被砍下，杂乱地堆叠在一起，从头骨痕迹看，多数遭刀砍切，数十个散乱人骨与兽骨混为一堆。沟的底部有一具 30 多岁女性的遗骸，颈骨被严重地扭曲，嘴大张着，惊恐万状，阴部竟插着一根牛角。原来平静安详的部落生活，在这场暴风骤雨式的革命中，被冲刷涤荡。这里的大中小型墓葬，无一例外，经历了挖坟掘祖式的报复。墓坑里随处可见被任意抛弃的人头骨，碎骨和碎玉。

就这样，陶寺文明，在巨大的城圈包围中，在激烈的社会对抗中，在礼仪重器代表王权和神权的过程中，被构架起来。

陶寺意外发现铜器

在陶寺遗址，考古学家意外发现了中原地区时代最早的成型铜器，有 4 件：1 件铜铃、1 件轮形铜器、1 件铜环，还有一件铜容器的残片。有意思的是，这几件仅存的铜器，并非如想象中那样出自显贵者的大型墓葬，而是最普通人的随葬品。280 万平方米的陶寺城市功能分区中，也未找到冶铜的作坊，附近也未发现有铜矿。偶见的这几件铜器在陶寺的出现，亦显突兀，它们在当地无源无流。对此，很多学者都怀疑陶寺的铜器是舶来品。陶寺铜器的孤独出土，也说明铜器初入此地，并未得到统治者的青睐，更不曾列为祭祀圣典中的礼仪重器。或者说，铜器最初的引入与社会政治无关。初传的青铜器远离了政治，因而未获得进行社会动员的原生动力。

让我们细致地考察一下陶寺的这几件铜器。1983 年，陶寺 M3296 墓中发现一件铜铃。这是一座陶寺晚期的小型墓，铜铃就出土在墓主人的腰侧，整个似铃，横断面为菱形，顶部中央偏一侧有一小孔，可能用于悬挂或安舌，是比较纯的红铜。铃铛类器物，是西北早期萨满巫师巫具中最重要的一类，一般挂在萨满的小腿上，相互碰撞，叮当作响。陶寺的铜环，直径 4.6 厘米，作为手镯似乎小了点，也是红铜制品。类似的石环，新石器时代曾普遍地发现；类似的铜环，西北青铜器群中较为常见，哈密林雅人就很喜欢这样的装饰，只是直径略大，可断为手镯。陶寺所出，直径略小，不宜为手镯或耳环，疑为衣饰上的佩饰，或其他器物上的配件。

陶寺人齿轮形铜器 ｜

陶寺铜器中，最为重要的是那件结构相对复杂的齿轮形器物。这件齿轮形器物，被人们当成是臂钏类饰物。齿轮形铜器出土在一座编号为M11的墓里。M11也是陶寺遗址中的晚期墓，墓内单葬一人，仰身直肢，颈部戴着由800余个蚌片组成的串饰。轮形铜饰出土时套在墓主的手臂上，上面还套着玉璧，齿轮形铜器就粘在玉璧上面，二者的孔径大致相仿。齿轮形铜器外径略小玉璧一圈，为12.5厘米，内径7.5厘米，环的边缘突出29个短齿。据发掘者梁星彭和严志斌介绍，戴齿轮形铜器的死者，胸前还放置有一件玉"璇玑"。"璇玑"类器物，或可沟通天地，或象征日晕，或与历法有关，无论作何种推测，无外乎是用来通神的神器。死者的身份可以作多种推测，最有可能的是，墓主人是当时的一名巫师。巫师戴着非当地传统的齿轮形铜器，寓示他可能是外来的，这一点有些类似近代西方的传教士。但也有可能是当地的巫师，希望借着此类外来轮形器物的神力，来增添巫师沟通天地人神世界的能力。

这件公元前19世纪的齿轮形器，一经出土，就引来学者们的关注。大家对于它的身份和出处议论纷纷。目前看来，与此物形态最为接近、唯一可举的例证，就是哈密盆地林雅人制作的那件镂孔状圆牌饰了。林雅人所制，更像是一个轮形饰，带有密集轮的"辐条"。轮外有一周密集的短齿，计有33齿。大多完整，偶有残损，笔者认为，它是举行祭祀太阳的巫术活动中巫师使用的巫具。那一周短齿，可能象征太阳的光晕。将陶寺的这件重要发现和林雅人用的圆形牌饰比较，且不说两者形态的一致，单就轮外圈的那短齿装饰，就有同工之妙。林雅人已经习惯用砷青铜器制作各类神具，那件珍贵的镂孔牌饰未做检测。尚不知是否用砷铜制成，陶寺那件齿轮形饰经鉴定确是砷青铜铸成，含砷量达4%。无独有偶，陶寺遗址发现的那件容器口残片，虽难以复原器型，但也是一件用砷青铜做的器物，含砷量超过2%。发现的4件铜器中，有2件是用砷青铜制成，很能说明问题。陶寺铜器的来源，虽难以找到完全吻合的途径，但指向已经十分清楚。陶寺的轮形铜器、铜环和铜铃，均出自陶寺晚期的中小型墓葬，据碳十四测年，并经树轮校正，其年代为公元前 1885±130 年，大致落在公元前 19 世纪的范围内。这和西北地区早期青铜器出现和流行的年代完全一致。陶寺的这几件铜器，极可能是青铜之路东进中原最早的实物证据。

陶寺文明的结局

与陶寺城的庞大气派相比，其聚落分布的范围并不大，发展空间仅限于临汾盆地。相邻区域内，从社会发展层面讲，陶寺文明是当之无愧的一盏灯火。陶寺人群在文明前夜，迎风走在前沿，率先冲开了中原大地文明世界的那扇大门。但是，陶寺文明以后的发展并不尽如人意。以大型城市建筑、社会分化、成套礼器、青铜技术、朱书陶文等为标志的陶寺文明之火，被包围在已经聚集了数百年文明能量的黄河中下游蜂拥林立的方国之内，未成燎原之势。

考古发现表明，中原周边区域同时期的考古文化区系中，陶寺文化发展水平最高，但百年辉煌只照耀了一小片天地，终未走出临汾盆地。真正将中原大地带入东亚文明世界，形成全国意义上的文明中心的，是伊洛流域的二里头文明。二里头文明的出现，是在陶寺文明的火苗熄灭之后，又过了将近一二百年才发生的事情。随着二里头时代的到来，陶寺地区又开始重新接受来自大河之南的中原腹地，一轮又一轮文明浪潮的冲击，最终被纳入到一个结构更庞大的王朝体系内。二里头遗址发掘的主持者许宏先生，很早就注意到，陶寺文明的命运与东亚大陆众多邦国居民一样，在文明途中迂回盘旋，一朝被二里头突如其来的文明浪潮裹挟着，最终被"文明化"了。陶寺是这段历史的一个典型缩影。

中原青铜器步入辉煌

伊洛盆地与二里头

离开陶寺，向东南渡过黄河，一路上丘陵起伏。平原丘陵间，有河谷和盆地，不久便抵达中原腹心的洛河、伊河流域，人们习惯称这里为伊洛盆地。伊洛盆地是中原考古的重要区域，特别是中岳嵩山，更是中原大地文化的一个重标志。两千多年前，司马迁就说过"昔三代之居，皆在河洛之间"。

循着青铜之路，我们从帕米尔、天山、河西走廊，一路向东，途中山岳绵延。东西延伸的条条山脉，犹如时潜时隆的一条巨龙，气势磅礴。龙首是帕米尔，高高抬起，雄视欧亚，龙尾绵长，东摆大海。东西向绵延数千公里，巍峨的天山、起伏的祁连、蜿蜒的秦岭，构成巨龙的身体，洛阳的伏牛山，是为尾翼，再向东，龙的尾翼潜入到如海原野。龙尾摇摆的伊洛河流域，是中原文明的重要发源地。公元前三千纪后半叶，多方文化的汇流，在这里形成了一个巨大的历史漩涡。文明的火焰由此四向迸溅。伊洛盆地的二里头文明体，在这一过程中，诞生了。

二里头文明诞生，在中国历史的进程中，具有标示性的意义，是中国历史转折的里程碑。当我们回首检视二里头文明，发现它显然并非是当地文明直线演进后的花落硕果。历史的航船，在风雨中飘摇前进。公元前 21 世纪到前 20 世纪间，中原腹心区东部外围，众多的防卫城堡如雨后春笋般兴起，它们自北向南蜿蜒于中原地区的东部边缘。考古学家们怀疑，这些城堡群，风起云涌般地崛起于华夏集团东部一带，可能是最早时期的夷夏交争的结果。向西背依龙体，向东面朝大海的中原腹地核心区的西部，即后来二里头文明体一朝隆起的区域，于文明前夜依然是一片寂静，这里没有发现可与东部边缘抗衡的超大型聚落。一系列的考古证据表明，伊洛盆地社会发展和阶层分化的程度，远不如东部边缘。嵩山东南颍河中上游的社会发展，甚至呈现出领先的态势。考古学家告诉我们，伊洛盆地，紧随其后的平地春雷式诞生的二里头文明，并非源自当地聚落的自然发展。长期主持二里头考古发掘与研究工作的许宏，在《"连续"中的"断裂"——关于中国文明与早期国家形成过程的思考》一文中这样写道：二里头都邑在洛阳盆地的出现是一个突发事件，缺乏源自当地的聚落发展的基础，应当不是洛阳盆地龙山文化社会自然发展的结果。

青铜之路上，文明火花不断散落、点燃。伊犁尼勒克奴拉赛铜矿意外地被开采殆尽，相对于呼图壁康家石门子山谷里那些狂欢的人群，小

伊洛河畔的二里头遗址

河文化人群结构奇特和神秘的墓祭、林雅人高超娴熟的制铜技术、四坝文化的青铜权杖、齐家文化中转启承、陶寺文明之星的闪烁……都未燃成不灭的文明烈火。青铜之路到了其最终的汇集点，文明早已是母体腹中的胎儿、然而，它的降临，亦然充满了变奏。

方国林立中的王城岗

中原腹心区域的东缘、颍河上游，群城并立。其中有一座超大型的古城，即登封王城岗古城，面积超过 30 万平方米。筑城之时，征用了方国太多的劳力，即使每日调动 1000 人力，建成此城，也要花上一两年的时间。筑城奠基，需要人殉葬，考古发现的 13 个奠基坑中，殉葬人数个体不一。一个奠基坑里，就有 7 具非正常死亡的人体遗骸。有的奠基坑中，那被肢解的人骨七零八落，有成年男女，还有儿童，都是战争中的掳掠，当时社会集团间的冲突犹在眼前。在王城岗遗址的一个灰坑里，偶然发现了一件青铜器残片，年代鉴定在公元前 2050—1994 年。这一铜片直径有五六厘米，像是仿陶鬶的铜鬶的器腹或袋足的残片，用锡铅青铜制成。城市建筑和冶铜技术的这些发现都表明，文明的火炬似乎已经握在了王城岗人的手中。不过，历史在这里继续上演了移花接木的变局。中原地区，最终推开文明社会的大门的，不是王城岗城里的居民，而是伊洛河畔，此前悄然无声居住在二里头城堡里的居民。

二里头城及城中的冶铜匠

二里头时代的二里头城，形成后在与周边方国城堡的斗争中，一帆独扬。二里头遗址 1959 年开始发掘，经过半个世纪的田野考古，一个建筑在成熟文明基础上的城市，呈现在了我们的眼前。许宏在《二里头：华夏王朝文明的开端》一文中说：二里头城内，曾经同时居住过 2 万市民，城里发现了中国最早的城市主干道网，最早的宫城，最早的中轴线布局的宫殿建筑群，最早的青铜礼乐器群和青铜器铸造作坊，最早的绿松石器作坊，最早的使用双轮车的证据等等。这样的规模和内涵在当时的东亚大陆都是独一无二的，可以说，这里是中国乃至东亚地区最早的具有明确城市规划的大型都邑。

最新的测年结果，二里头文化的年代约在公元前 1750 年——前 1530 年，这座城市始建终废，前后只存在了二百多年。二里头文化又分为四个时期，一个时期平均合算有 50 多年。进入公元前两千纪后，周边区域的遗址里，偶见的成型青铜器时有发现。但是，只有二里头城，青铜业蔚然形成了规模。二里头人，也并非一开始就全盘接受了青铜工业技术。二里头文化分期中的一、二期，罕见青铜器，铜器基本出土在这一遗址的三、四期地层里，年代晚到了公元前 1650 年前后。最早发现的都是一些小的工具和武器。二里头铜器早期的情况，仍有点类似陶寺的发现，最初的那几件铜器，并未被王权统治阶层所看重，铜器制作业未获得更强的政权支持，并没有太大的社会号召力。到了二里头文化的第三分期，即进入到公元前 16 世纪以后，绝对年代已经接近先商纪年，统治阶层才开始推动青铜革命向纵深发展，开始铸造成组配套的重典礼器。青铜技术一朝从民间的工艺引入到顶层的政治设计，如浴火重生，获得了

二里头一号遗址复原效果图 |

强大的生命力。这独一无二的东方地区的青铜工业政治化，预告了整个东方世界，辉煌无限、登峰造极的青铜工艺文化的到来。

文明的骤起与毁灭

长时段、大视野地俯瞰东亚文明，比二里头文明大约早一千年，文明之光已在南方的良渚、北方的红山，甚至包括湖北的屈家岭、石家河闪过。这一时期，可以说是中国5000年文明史的发轫期。

公元前三千纪开始，上述这些区域，已经建立了准文明的国度与政权。但是，这些相对独立、异源异质的文明体，并未随着历史的车轮滚滚向前，最终没有汇入中华文明的滔滔大河。到公元前三千纪后半叶，即龙山时期，这些在东方文明前夜曾一度耀眼的启明星，一朝陨落。畸形发展的文明大厦，相继坍塌。这些文明体相继衰落的原因，众说不一，但总认为与文明的畸形发展关系密切。这些分散于南、中、北，互不统属的三个初级文明体，立足未稳，文明航向便开始向神权至上偏移，一切为神服务，严重地偏离了世俗文明的航道。这些判断，只要看看红山文化中所谓的女神庙、大型祭坛、积石冢群；看看良渚文化大型礼仪性的台基、"人工坟山"、采玉敬神、葬玉大墓；看看石家河遗址数以千万计的陶塑动物、人像和红陶杯，就一目了然。在世俗政治结构尚未基深体固时，那些文明集团的人们，便急着建构和完善等级秩序井然的人间神界，诸神纷纷登场，一时泛滥。整个社会体制的运作，被笼罩在厚重而偏激的宗教气氛里。为神服务成为现实生活的重要目标；取悦神、为神开路，是现实政治和社会生活的重要指示牌。以神的名誉召唤一切，整个社会为此投入了巨大的非生产性劳动。世俗生活的权力被诸神剥夺。这些文明体，文化基础本来就很单一，缺少基因多样性的择优选择，脆弱无比，加之又朝畸形方向无限发展，一旦触及风浪险礁，顷刻间便陨灭于历史之海。

二里头文明的远航

龙山时代晚期的中原地区，二里头人群已沐浴在文明的曙光里。那时期，万邦林立，千帆竞争。最终二里头方国，成为领跑者，建构起不怕风浪颠簸、相对稳定的文明体系，并迅速开始对周边区域的文明整合，推进整个中原地区的文明进程。二里头文明出现后，犹如多米诺骨牌效应，周边一个个林立的方国，纷纷被裹挟着"文明"化了。

二里头文明诞生后，其文化势力强劲扩张。属于二里头文化的因素，北可达燕山以北，南从东南沿海到成都平原，东至鲁豫之间，在那里与东夷文化分庭抗礼，西至甘肃青海河源地带，与齐家文化互通有无。新崛起的东方王朝，一统国家体制下的文明大船，起锚远航。此后的四千年间，东方文明的大船，乘风破浪，战胜了无数的艰难险阻，不断调适与提升，使它成为世界唯一，在连续破裂(张光直语)后又依赖自身极强的自我修复能力，走到今天。

二里头是一个小村庄名，它位于中原腹地的洛阳平原，在洛阳盆地的东部，北依邙山，南望嵩岳，古伊河、洛河从它的南面流过。这里水足土肥、物产丰饶，既有险可据，又四通八达。洛阳盆地，聚拢着浓厚的帝王之气，世代传递，前后有 13 个王朝建都于此。这里的帝王之脉，始自二里头时代。二里头村周边是无际的麦田，田野之下，埋藏了华夏民族早期文明的历史根须。自此以后，这里便被认为是"天下之中"了。二里头人群初登文明殿堂的途径，虽然仍是一桩充满神秘变异的故事。无论如何，二里头文明诞生了。二里头文化的出现，对整个东方世界历史研究所具的意义，难以估量。这里，我们仍回归青铜之路，从青铜之路的终点的视角，来审视这个走向成熟的文明体。

二里头的青铜作坊

公元前 18 世纪的某时，有一支人来到了二里头。起初来到这里的移民人口并不多，所建聚落的规模也不大。只是迁居这里的二里头人，有汇八面之风的文化包容能力，他们汲取四方的文化因素，相异的文化在碰撞与融合重组中，文明就这样被塑造出来。

四方汇流的文化因素里，最重要的是青铜技术与器物的初传。初入伊河岸边的二里头人，并未刻意利用青铜，虽然青铜是推动文明的进程中，最为尖锐的利器。最初只是在民间，一些小的铜器工具被制造了出来，是一些实用工具，如铜刀、锛、凿、锥等。最初的二里头人具体在什么时间学会了青铜技术，难以穷追。只是青铜很快被二里头居民接受，逐渐成为他们习惯使用之物。可以推测有那么一天，二里头的贵族议事会将青铜器的冶制事项，列入议事日程；他们决定集中冶铜工匠，在二里头宫殿的南部一隅，开官营的青铜作坊。3500 多年后，在临近古伊洛河的一处高地上，考古学家们发现了这一青铜作坊遗址。遗址规模宏大，占地一万平方米以上。几十年来，考古学家在这里发现有浇铸的工场、陶范烘烤的工房和陶窑等。浇铸工场里，有若干墓葬，死者可能是铸铜的工匠，或者是在铸铜过程中举行祭典时的牺牲品。作坊里出土的与青铜冶铸有关的遗物有陶范、石范、坩埚、炉壁、炼渣、铜矿石、铜片、木炭和小铜件。最多的是陶范，大都是铸器后废弃破碎的外范，有的还残有兽面纹。一件外范，可以铸出直径 30 厘米以上的圆形铜器。二里头青铜作坊规模大，结构复杂，可见一斑。

青铜之路一路走来，行程万里，青铜技术文明的种子，一路撒播，都是民间的普通用器。到了青铜之路的终点，在二里头居民的手里，青铜技术和器物经历了最为华丽的转身，荣登大堂，成为服务于统治阶级

二里头遗址绿松石的龙形器 |

的政治工具。中原二里头文化时期的青铜作坊，是唯一一处主要为国家政权制作神器、重要的武器和工具的作坊。二里头青铜作坊的发现说明，青铜技术一旦为国家所据有，便披上神圣的外衣，青铜工艺与技术，被赋予了更为神圣的属性，冶铜技术也成为国家专控的机密，垄断自然随之发生。这奠定了三代时期、两千年间中原王权控制下的，青铜神器一枝独秀的历史文化基础。

政治领域里的青铜神器

从二里头文化开始，主要由统治阶级组织的青铜大军，开始了天才般的青铜艺术创造的东方历程。一件件精美的带着神秘纹样的青铜重器，穿越时空，呈现眼前，纹样的内涵在让人百思不得其解的同时，又叹为观止。漫漫的青铜之路上，种种千差万别的情景，让人流连思考。从青铜工具和武器，到满足于那些散落在原始村落里的萨满通神用的青铜巫具，还有就是让人眼花缭乱的装饰品。相比之下，二里头的青铜工

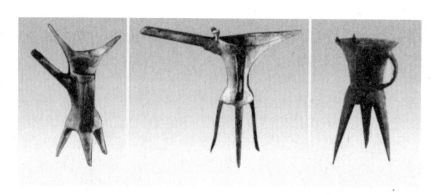

| 二里头文化的青铜礼器

匠们，给铸铜和制铜赋予了浓郁的上层政治内涵。在强大的政治背景下，青铜冶铸业催生了一件件精美绝伦的青铜礼器。每一件青铜礼器都不可小视，它们都具有承截维护世俗王权神圣性和合法性的神力。青铜礼器与当地传统的陶、玉礼器，相遇而结合，组成了新的礼仪器物系统，中原王权，正是在这个基础上，站稳了脚跟。铜器在步入高层的神圣殿堂后，与原来的玉石陶质礼器相比，迅速地成为礼器中的核心器物，爵、鼎、斝、盉、觚，成为王权的重要标志。在华夏文明形成、发展和成熟至关重要的夏商周三代，青铜技术与器物一路借王权的推动，致使中国的青铜艺术终于走向巅峰。

二里头青铜技术溯源

二里头青铜器系统

盘点一下二里头文化的铜器。目前所知，二里头文化的铜器与冶铸遗物不少于294件。出土于二里头遗址的铜器有131余件。在发掘的近四百座墓葬中，20座墓内出土铜器38件，另有冶铸遗物54件。二里头遗址外，中原地区属于二里头文化的其他遗址，有18处发现有铜器及冶铸遗物，共出土铜器41件，冶铸遗物51件。国内外的收藏单位，珍藏属于二里头文化时期或约相当于二里头文化时期的铜器，有17件。公元前两千纪初以后，冶铜技术在中原大地，由星星之火，形成燎原之势。二里头文明出现后，如同一匹突奔在中原大地上的黑马，强势向外扩张。二里头文明征服与扩张的背景是多方面的，最重要的当与王权国家的政治经济战略有关，当时的国家战略资源中，铜、锡、盐，以及其他资源，放在首要位置。

二里头文化铜器类型丰富，铜器的分工分外明确。大体上可以分为工具武器类、装饰品类和礼器神具类。工具武器类有鱼钩、刀、锛、削、钻、纺轮、凿、锥、锯、镞、戚、戈、钺；装饰类有铃、泡、镶嵌绿松石圆牌、镶嵌绿松石兽面铜牌；礼器类有爵、鼎、斝、盉等。据陈国梁的研究，二里头文化一期已经出现了青铜器，主要是发现于遗址里的有铜刀、锥、凿。据碳十四测年结果，二里头文化一期的年代，约在公元前1790年至公元前1720年。到了第二期，个别墓葬中出现了铜铃、牌饰，遗址里的工具比第一期增多，技术上出现陶和石质的合范，青铜器表面装饰绿松石蔚然成风。石范技术自西方流入新疆、河西走廊，因此青铜之路上偶有石范一路伴随。二里头人用石范制器的传统，就不能排除与西东向的青铜之路有关。第三期是一个真正的文化变型发展期，是二里头青铜工业步入辉煌的时期。二里头第二、三期的年代，约在公元前1720至公元前1565年。墓葬中出现了爵、戚、戈和圆形饰，遗址里新出土工具有锛、锯、鱼钩、纺轮和镞。特别是铜镞，形式多样，数量剧增。杀伤力极强的铜镞，被广泛用到了维护国家内部社会安定及拓疆开土上，说明了摩擦与战争的频繁发生。第四期，铜器礼器系统日益完善，世界青铜体系下的东方系统已成雏形。此后，青铜礼器中的那些代表性器物，一一出现，知名的青铜礼器有鼎、盉、斝、斝、钺。第四期的年代约在公元前1565年至公元前1530年。

二里头铜刀的来历

公元前18世纪到公元前17世纪间，二里头青铜工匠，最初更多地制作的是比较简单的工具，如刀、凿、锥类器物，青铜工业大多还游离于民间。从这些器物的类型体态看，一些显然是随青铜之路传播而来。其中，被群众使用的青铜刀，最能说明问题。

二里头文化的铜刀，共发现47件。这些青铜铜刀，常见的是不带环首的柄刃小刀，与一路走来的那些铜刀相比，二里头人更习惯在刀身之后加一段短柄，以便夹入其他质地的柄銎里，作为刀把。据此，二里头的铜刀，便与青铜之路中东段常见的铜刀系统有明显区分。不过，在二里头铜刀里，发现有一件环首铜刀十分引人注目。这件环首铜刀，1980 年发现于编号为 YLIIIM2 的墓葬中，属于二里头文化的第二期。铜刀凹背、弧刃，弧柄。刀背部有凸沿，刀柄厚，刀身薄，柄身之间因厚薄不同而形成明显分界，环首的柄部有镂孔。1994 年，林澐先生在《早期北方系青铜器的几个问题》中首次关注这把环首刀，认为它不属于中原传统。林先生指出，这是一把由北方系青铜器群带入到二里头的刀。我们上文已提到，很早的时候，东天山哈密的林雅人，就开始制作大量的铜刀，一时呈泛滥态势。林雅人制的铜刀中的一类，就是环首柄的铜刀，体形规范。这种形式的铜刀一路东下，足迹遍布西北和北方游牧文化带的重要区域。二里头人制作的这把环首刀，无疑是以林雅人原创的铜刀风格为模版制成的。

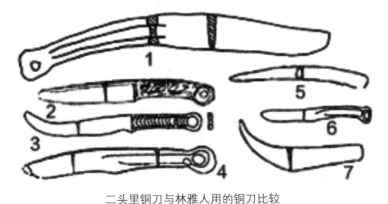

二头里铜刀与林雅人用的铜刀比较

1–4：哈密盆地林雅人的铜刀； 5–7：中原二里头铜刀

神秘的镶绿松石铜牌

大概在公元前 17 世纪上半叶，二里头人在早期略晚的时候，二里头人开始制作一类长体圆角的铜牌饰。

这类牌饰，是二里头青铜礼器组合完善之前，最具有代表性的神圣器物。这类器物没有初始状态，它一出现，就以相当规整和完善的形态呈现出来。目前，二里头文化所见的这类铜牌饰共 11 件，少量出自二里头遗址，大多为国内外的收藏品。牌饰对称长腰的两端加铸对称的四钮，布局一致，似乎是四足动物简约意象的表现，也可以当作悬钮。雷同外形和四角嵌入绿松石，则展现了二里头工匠高超的镶嵌技术。这类牌饰，最引人注目的是通过镌刻、镶嵌技术，线面结合表现的那个动物意象。以绿松石为背景的这只神兽，充溢着神秘色彩，引出种种猜测：

多数人认为它表现的是龙，如陈国梁就认为它是龙纹或者说是龙纹头部的特写。也有学者认为它与蚩尤有关，是地位较高的人物

| 二里头文化的神秘铜牌

形象，也有学者认为是商周饕餮纹的前身，或者认为是虎纹，或者是弧面纹等等，不一而足。陈小三博士，依据这类牌饰的源流在河西一带，那里是牧羊的地方，且认为动物纹样带有头角，推断它是羊的形象。

细看这圆角长方形牌饰，是用绿松石为背景的动物，有对视的菱形眼，身体上下是意象表达的对称，蜷屈、呈爬卧状的四肢。二里头遗址曾出土过一件动物纹饰的陶片，陶片突出表现动物对称的双眼，眼呈对视的菱形，身体分开盘旋。它与镶绿松石的铜牌出自同一遗址，是仅存的二里头早期神秘动物纹形象，它们很可能表现的是同一神兽。

镶绿松石铜牌的源流

镶绿松石铜牌和后来二里头人制作的，那些成组的其他青铜礼器一样，是二里头人早期宗教信仰的标志性器物。这些器物，对探索二里头人信仰的起源和演变，至关重要。

面对这十多面突如其来的铜牌饰，专家们一时迷茫，纷纷追根溯源。研究者们首先会想到这么重要的神器，一定源于当地，是在当地龙山文化的基础上发展起来的。比如铜牌上的动物纹样，一定是在吸收了龙山文化玉器神面纹的基础上，加以变形的结果，后来又成为商周青铜器上兽面纹的重要来源等。

将镶绿松石铜牌上的动物，与主要见于良渚、龙山、石家河文化玉器上的神面纹比较一下，会发现后者表现的均是人神。人面的五官俱全，只是做了不同的变形的艺术处理。画面所要表现的是人神主题。有的人嘴里露出了獠牙，獠牙又在人身世界里加入兽性神力。这些人面神像，都戴着装饰华美的头冠，或高或低，冠侧有些加配以动物的角饰。神像面宽冠窄，呈现立体的圆雕风格。镶绿松石铜牌上的动物与之相比，从器体形式到装饰意匠，都大相径庭，既不同祖，也无丝毫的渊源关系，相互之间只是略有艺术风格上的相互借鉴而已。既然这类镶绿松石的动物铜牌，在当地成了无源之水，但又领一时风骚，自然不会是空穴来风。再则，这些流行一时，急风昙花式的动物纹牌饰，很快退出历史舞台，并未在三代时期通贯于青铜礼器繁缛的纹样中，寻见其踪迹。这些迹象都表明，镶绿松石动物纹的铜牌饰，并不符合当地传统。

2007年，我和另一位作者合作发表过一篇《中国早期青铜文化的起源及其相关问题新探》的长文，提到过二里头文化中，这类招人眼目的铜牌非当地传统，而是西来的因素，其祖源可以追溯至天山东部的哈密盆地的林雅人那里。因为没有展开论述它的源与流，未引起人们的重视。2012 年，吉林大学陈小三博士，在《考古与文物》2013 年的第 5 期发表《试记镶嵌绿松石牌饰的来源》一文。文章中他进一步整理了中原、西北发现的长圆形铜牌，缕出了更清晰的线索和头绪。陈小三的推论是，这类铜牌最初为东天山的林雅人制作，后来流传西北。2002 年张天恩公布了一件发现于甘肃天水秦城区的铜牌，这件铜牌被认为是受了二里头文化的影响所致。同类铜牌在四川真武仓包包遗址也有发现，形体虽略有变形，但与林雅人的制作仍有异曲同工之感。四川所见，是由河西走廊

二里头文化陶片上的图案

出甘肃东南，涉岷江，再渡嘉陵支流白龙江，通川北，进入四川盆地的。白龙江流域，曾发现有甘青地区马家窑和齐家文化遗存，可为辅证。陈小三还注意到了镶绿松石装饰文化的源流。镶绿松石的装饰，在马家窑文化和齐家文化的墓葬里均有发现，可见甘青史前居民对绿松石情有独钟。他们不仅用绿松石装饰青铜牌饰，还常用绿松石装饰陶器。一些陶器的腹肩处，镶嵌有一周绿松石片，精致美丽。将这些现象统合起来考虑，二里头突兀呈现的镶绿松石的长圆铜牌，更可能是西风东吹的结果。镶绿松石铜牌饰与环首铜刀一样，都是随着青铜之路，自西而东，流寓到了二里头这一著名的村落。

蜥蜴神话的无限寓蕴

镶绿松石的长圆形铜牌，意在表现动物。绿松石背景衬托的是什么

动物，最费神思，难以定论。

如前所述，对于镶绿松石牌饰上的动物身份，因无更多对比材料，学者们虽论者较多，但多是简单推测。这类铜牌非为实用装饰所制，而是原始宗教领袖佩挂的神器，表现的动物也是原始宗教领域的神兽。如果说它是羊的形象，那么羊虽由西方引入，但在西北中原早期神话中并没有什么地位。前面我们注意到，铜牌上的动物，其造型风格与二里头遗址里陶片上所刻的动物，头面神似，只是前者做了明显的艺术处理，更显出风格化的意思。著名神话学者国光红最终认出了这只动物，不是别的什么，正是蜥蜴。而蜥蜴的背后，有着更为复杂的故事。

蜥蜴神话根源于西北，在西北神话世界里最为流行，是最具神力的动物。蜥蜴多变，时为龙体，为龙脉的正源，对此，学界有许多考证。二里头聚落最初的建设者、研究者们多推断其很可能与流寓到这里的夏部落的某一支有关。夏人以龙为标识，奉为图腾，后来推演成整个华夏民族的图腾。二里头遗址的那件引起轰动的大型绿松石装饰的龙形器，其体态细长，圆眼对称，鼻梁表示为细柱，端部圆突，细尾长蜷，身挂铜铃。这只动物很可能就是以蜥蜴为原型的蜥蜴龙。夏禹对于夏朝有开国之功，历史上一直尊其为禹神。汉代许慎说禹字表意为虫，说"兽足蹂地也"。现代疑古学派的代表人物顾颉刚，接过许慎的这句话，说禹"以虫而有足蹂地，大约是蜥蜴之类"，以此来强调说明夏代历史的神话创造。顾先生这观点一出，一度受到围攻，但它产生的影响，至今仍在。其实，顾先生说这句话的深意，是要推翻上古历史系统，并非在于大禹的身份是否真为蜥蜴。但很可能顾先生这一无意点拨，切中了要害。上古历史人神杂糅，即使是神话，这些神话都不全是面壁臆想，有着历史底蕴。蜥蜴擅长自截和再生尾巴术，甚至会生出二条尾巴，有极强的变色能力，蜥蜴随着外在环境的改变，适时改变着自己的体肤颜色，因而被冠以"变色龙"的美名。在东方的神话系统中，蜥蜴曾经过转换，华丽转身为伏羲身份，演化为华夏民族的人文始祖。蜥蜴是为龙祖，生活在天山南麓一带的古代居民，史书所载多以龙为标识，广布西域的月氏人，就认龙为祖，视为图腾。古代龟兹的王族多出龙族，是为龙姓。这些历史都不是偶然相合，均有着历史渊流与深度。

最让人意想不到的是，频繁出现在华夏史书典籍，流行于东土神话系统中的蜥蜴神，竟以其真实形态，出现在罗布淖尔三角洲小河人群极度神秘的丧葬习俗里。前文提到的小河墓地，每一座女性的棺必随葬木祖，即木制的仿男根器。圆柱状木祖，由两片中部掏槽的半圆木相合而成，相合的槽洞里都夹藏有一只蜥蜴。在河西走廊的西部，蜥蜴形象，悄然变形，静静地爬卧在一件件精美的彩陶上。河西西端四坝文化的制陶女们，耐心地勾画着一只只抽象的蜥蜴，或简或繁，简者简成了符号状，繁者四肢灵活地蜷屈。变形了的蜥蜴，或爬于器底，或爬在器耳，或贴身器腹，处于其他复杂的几何纹样之间。四坝彩陶上的那四腿蜷曲的蜥蜴，与二里头铜牌上的动物纹的神形十分接近。再向东，到了甘青河湟谷地的马厂文化，动物纹亦为彩陶的主题纹样之一。马厂文化的动物纹，长时期内被学术界称为人面蛙纹，学者们受从众心理的支配，几乎是众口一词，平心静气地细心端详，这些所谓的人蛙纹样，除人面外，动物表意的旨趣全在于它那灵活蜷曲的四肢，有时还要加上一个细卷的长尾。马厂的人面蛙纹，与西北地区此前彩绘和塑造的蛙纹，其造型风格上有天壤之别，后者蛙的形象全在于它那圆鼓的腹部，蛙的四个肢爪，只是简约勾画。比较起来，马厂文化的所谓人面蛙纹，很难说是蛙，它所表现的动物四肢的风格，与四坝彩陶女所绘的变形蜥蜴纹的四肢如此雷同，几乎如出一辙。看来，马厂的彩陶女们，在陶器腹部绘上描绘的并不是蛙纹，而是绘的蜥蜴。关于这一点，美术史家张朋川很早就意识到了，只是没有穷其根源。将马厂的蜥蜴纹样读成人面蛙纹，实在是对历史的严重误解。这一误解，使得人们与重大的历史真相擦肩而过。

而最让人意想不到的是，神力无限且有多层象征结构的蜥蜴纹样，最后以变幻难明的形象，出现在了镶绿松石的长圆形铜牌里，悄然地潜入到二里头人群精神世界的深层。

一面神镜及其他

二里头遗址出土过一件用绿松石装饰的圆形铜牌，属于二里头文化的第三期，属于公元前 1600 年左右的器物。

这面圆形铜牌饰的表面平直，正面蒙有至少 6 层粗细不同的四种布。用布包裹铜镜的风俗，西域古已有之。只是二里头发现的这面铜镜，包裹层数之多，实为罕见。发掘的时候，考古工作者难以明确这一神器的真实身份，泛列为铜牌，未引起应有的重视。实际上，它是随着青铜之路一路向东，传播过来的铜镜，只是背面加了绿松石的装饰。这面铜镜背部的中间，有两圈嵌绿松石的十字架状图案，背面的边缘绕有

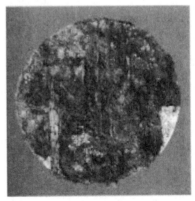

二里头遗址的铜镜 |

一周花边，是整齐排列为短线状的镶嵌绿松石花边。这样的铜器，无论是造型还是纹样，都与中原传统无丝毫的关联。二里头的这面铜镜，是目前所知，中原地区发现的年代最早的铜镜，是铜镜类器物在中原地区的首次亮相。二里头遗址还有三面圆形的铜泡，均为鼓面，一件铜泡周缘出有窄边。铜泡的造型虽然简单，但在二里头文化中零星稀少。若将视线移至东天山的哈密盆地、河西走廊地区、甘青黄河源头东部区域，便不会再有物以稀为贵的感觉了。

整理一下二里头人初创的青铜器。二里头人从引入和学习制作铜器开始，至二里头文化结束，大体制作过三类铜器，前面已经说过，比较早的一类是生产所用刀凿等工具和箭镞等武器。第二类是以镶绿松石的长圆形青铜动物纹牌饰为代表的牌饰，还包括铜镜或铜泡，这些多为宗教用的神器，或兼有装物功能。第三类紧随其后，以铜容器为基础并很快成组配套的，煌煌大观的礼仪重器。三者风格差异之大，特别是后两类，风格功能上可谓南辕北辙。既非同源，也未同流。三类铜器时代上略分先后，但并无明显的时代界限。第一类铜器中的工具，出现的时代早，延续的时间长。第二类中的那些特殊造型的器物，神味十足，时代标识较为明显。醒目的长圆形铜牌，在二里头文化第二、三期偶有所见时，体形和风格已经定型和完善，到二里头文化的第四期突然流行起来，并在同一期戛然收场。它像是阵风急雨，时聚之后自然飘散。它背后反映的是异质文化的渗入碰撞中，包容与摒弃的故事。

深入中原腹地的铜矛

说到青铜之路上的青铜器，还有一件武器也是重要的过客，即铜矛。它长途跋涉潜入中原大地，角色之重要难以避开。

中国境内的铜矛，最早的一件出自青海西宁沈纳的齐家文化。学界人士认出，这类铜矛的故乡在塞伊玛——图比诺。关于塞伊玛——图比诺现象，前面有所述。齐家人偶得的这件铜矛，正是塞伊玛——图比诺铜器家族里的重要成员。

塞伊玛——图比诺范式的铜矛，一端是细尖头，呈柳叶状，长銎根部带有尖钩状倒刺。这种铜矛或者是矛的范式，被长途运至黄河源区域齐家文化的过程中，一定经过了新疆，但现在还未在新疆见过它的身影，留下了一段历史的空白。整体看来，塞伊玛——图比诺的铜矛，在公元前两千纪上半叶的某时由西部境外传入，在西北黄河源区域的齐家人那里留下一件，它的终点在中原地区。新中国成立后，考古学家在中原陕晋两省，偶尔见过不明源流、形态独特的武器。中国国家博物馆、陕西和山西省博都珍藏着一件。更重要的发现是 2008 年 12 月，考古学家在发掘淅川下王岗

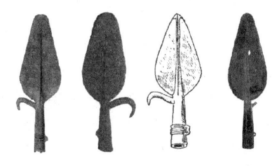

中国境内的铜矛 |

遗址最为普通的一个小灰坑时，在这个灰坑里，竟然沉卧着 4 件铜矛，这些铜矛的长均为 37 厘米，宽 12.5 厘米。形制和西宁沈纳的那件几乎完全一样，都是塞伊玛——图比诺铜矛系列。与国外的发现相比，国内发现的铜矛的叶部较宽，矛头为圆形钝，锋刃不显，倒钩圆转，这些铜矛与战争的距离较远，亦是仪式用的神器。其造型变化又与铜矛自西向东传播过程中的地方化变形有关。西部地区发现的铜矛都是采集品，淅川下王岗灰坑发现的四件铜矛，有明确的地层关系，年代可以早到二里头文化时期。铜矛的发现，让我们再度感受到漫长的青铜之路上演的故事，一桩又一桩耐人寻味的故事。

青铜之路的历史贡献

中原青铜器起源之辩

新石器时代黄河中下游地区偶见和二里头文化遗址频现的铜器，引起了关于中国铜器起源问题的世界争论。特别是新石器时代晚期零星的青铜器出土后，大多学者认为中国铜器是由本土起源的。但持异议者一直大有人在。

特别是近年来，针对二里头文化中，突发青铜器的现象，学术界开始分析铜器构成的因素，及其源流，外国一些学者也显现出更高的热情。美国哈佛大学费正清东亚研究中心的胡博（Louisa Gfitzgerajd Huber）博士，在美国古代中国研究会的年刊《古代中国》第 20 卷上，发表的论文《齐家和二里头：关于远距离文化的接触问题》，引发了关于中国早期青铜器起源的新讨论，前面也稍稍提到过。在这篇长文中，胡博考察了内蒙古和甘青地区早期金属时代的文化与中原地区二里头文化的关系，探讨了这些文化中的几种金属器物，认为它们的出现受到远至西伯利亚南部、阿富汗和南土库曼斯坦等地区文化的启发。文中根据最近学术界对欧亚草原早期历史的重新评估，及西伯利亚几处遗址以及巴克特利亚——玛基安纳（或译为马尔吉亚那）文化群的最新碳14校正年代，提出中国早在青铜时代青铜器的滥觞期，就已受到异域文化的影响。胡博为了说明论点，列举了很多实例。她认为，二里头青铜文化的起源与阿富汗北部的巴克特利亚（Bactria）铜器文化的东向传播有关，处于中间的中亚和西伯利亚一带的塞伊玛——图比诺文化、奥库涅夫文化和安德罗诺沃文化起了桥梁作用。来自欧亚草原的这几支青铜文化首先进入新疆地区，进而通过河西走廊作用于河湟一带，最终通过齐家文化再作用于中原地区的二里头文化。她列举的二里头青铜文化中具有西来因素的铜器主要有以下几件：铜爵是以伊朗西南部的沙赫德（Shah-bab）出土的带流铜罐为原形；铜斝是以沙赫德出土的另一种饮水器为祖型；二里头陶器上的泥饼状装饰模仿了来自巴克特利亚青铜文明的薄金属工艺；二里头文化第三期铜镜的背面，绿松石镶嵌的十字纹、齐家文化铜镜中的七角星纹，都是巴克特利亚青铜文明的典型标志等。胡博的观点一经出炉，立刻就受到了我国一些学者的强烈质疑。但也有部分学者，开始冷静和理性地分析这一问题。他们注意到了胡博的观点对研究中国早期青铜文化起源的重要启示。著名的历史学家李学勤以伊朗出土的红铜爵、斝形器为例证，辅证二里头的这些器物并非土著，而是舶来品；冶金史家梅建军博士认为，胡博的一些看法颇有见地；考古学家李水城认为"菲兹杰拉德·胡博是位严肃的学者，尽管她所列举的证据中有些还略显生硬，但并非捕风捉影之论"。

青铜之路的东方硕果

回顾关于中原青铜器起源、青铜文化形成的研究历史，一开始，就有本地起源说和传入说两种观点的对垒。长时期内，本地说一直处于主导地位，但并不主观武断，在讨论过程中，给外来说也留有足够的空间和进一步讨论的余地。

如果跳出中原，把中原地区青铜器的起源问题放到整个欧亚大陆宏观地来看，至少有两点中外学界已达成共识：一是，西方青铜技术产生的时代要远远早于中原数千年之久，进入青铜时代的年代，都要比中原至少早出两千年；其二，自现代考古学出现在中国后，发掘新石器时代晚期到铜石并用时代的遗址、墓葬等难以计数，每年都有成百上千处新的发现，而铜器只是在极个别遗址中零星出现，且全是一些小铜片或残渣，缺乏完整的铜器。面对这种情况，学者们不得不说，仰韶文化"直到龙山晚期以前的两千余年间，中原地区可以说没有特别明确的铜器资料，这漫长的时间空白仅仅用工作力度不够来解释是不能令人信服的"（梅建军语）。进入夏王朝的纪年范畴后，黄河中下游铜器数量略有增加，但除二里头文化外，仍只是在少数文化的个别遗址中见到。对于中国境内以上早期铜器的发现，考古学家和冶金史学家历经了近半个世纪的努力，既无法在从仰韶文化早期到仰韶文化晚期龙山阶段之间，像众所周知的史前西亚青铜文化发展史那样，建立起前后相承的中国早期冶铜技术和青铜文化发生、发展、繁荣与演化的体系，也很难将上述新石器时代偶见的铜片、残渣等，当成二里头文化第三、四期突然发展起来的中国早期青铜文化的源头。二里头第三、四期突然兴起的青铜文化，尤其是我们辨析出来的那些特殊的青铜器种类，既然长期在中原地区寻找不到其来源的线索，却在西部有更早的源头。二里头文化的青铜器，可以说是史前青铜之路枝蔓上最后的硕果。

小麦种植技术的东传

自西向东传播的青铜之路，不仅只是青铜技术和器物的传播，更是一个相互关联的系统，既包含物质层面因素，也包含精神层面的因素。

物质层面的因素中，青铜技术和器物的传播是十分显性的因素。另外，小麦和牛羊等家畜驯养技术的自西向东传播，也正在引起人们的强烈关注。

先说小麦的东向传播。距今一万年前，近东西亚绿洲区域的古代居民率先人工培育出了小麦和大麦。公元前一万年后，小麦种植技术就传到中亚东南的绿洲区域，公元前三千纪左右的克什米尔山谷布尔扎洪遗址的文化层中发现有麦类标本，表明这一区域在公元前3000年以前已经种植了小麦等农作物。公元前三千纪里麦子种植技术已传入新疆，孔雀河古墓沟墓地和小河墓地墓葬里随葬的草编小篓内装有小麦粒。特别是小河墓地，是目前东亚地区早期小麦标本出土最为集中的遗存。这里的墓葬，常在死者的胸腹部和身下撒有小麦，小河人身裹的毛织斗篷的边缘，常常扎有神秘的小布包，内包有麻黄草枝、小麦粒和黍粒。可见青铜时代早期的塔里木河——孔雀河大三角洲，是一派麦浪滚滚的生态景观。哈密林雅制陶女，绘出的彩陶图案中，有一类图案特殊并流行，即在陶器腹部绘"松枝纹"，像是禾苗麦穗的摹写，有人也称其为禾苗纹样。类似的纹样在美索不达米亚公元前3000年的泥版文书中也见到过。在美索不达米亚，公元前2400年"大麦"的楔形文字中仍延续这样的图形。林雅制陶女，还烧制了一件图案奇特的彩陶陶罐，彩陶罐的双耳上，绘出男女人物形象。人

小河儿童身撒的麦粒 |

物的头部绘成禾苗状，双手绘成穗状，描绘的可能就是小麦作物神。林雅人制作的用于巫术活动的铜器中，有一类罕见的长方形镂孔牌饰，图

案很像是并排的麦穗，前面曾经提到过。

学者们关注中原小麦起源问题，始自上个世纪七十年代。最初是农史学者李璠先生听说甘肃民乐东灰山遗址发现有古代小麦遗存，便赶到这里调查，颇有收获。后据李水城等学者的研究，东灰山小麦的年代在公元前三千纪初到公元前三千纪中叶，为中国境内发现的最早的小麦标本。不过学术界对东灰山小麦的年代，尚还存疑。自此以后，小麦类标本从西北到中原，沿着青铜之路的古道，频繁发现。主要的地点有：青海省互助县封台、西藏昌果沟、陕西武功赵家来、山东日照两城镇、山东聊城校场铺、山东胶州赵家庄。它们的年代都在公元前2千年左右。公元前2千年以后的二里头文化阶段，中原地区发现很多包含小麦的遗存。比较重要的地点有：河南洛阳关林皂角树、河南焦作西金城、河南禹州瓦店，以及二里头文化遗址等。近年来随着植物浮选工作的全面推进，植物学家从越来越多的夏商周时期的遗址中发现有炭化的小麦遗存。可见，小麦进入中原后很快便普及开来。

内陆欧亚地区小麦的考古发现和近年来古代植物遗传学的研究表明，最早由新月沃地培育的麦类作物，很早就开始了东传过程。至少在公元前三千纪内便传播到中亚的东部，继而进入中原腹地，很快普及并迅速改变了中原地区传统农作物的结构。小麦传入中原地区后，逐渐被全面推广和大面积种植，极大地丰富了中原居民的饮食文化内容，奠定了中原早期文明发展的物质基础。

驯化牛羊的东传脚步

再谈谈黄牛与绵羊的驯化与传播。作为家畜的牛羊，都是西亚近东新月沃地"新石器革命"的重要成果。青铜时代早期，新疆阿尔泰和天山地区的古代居民就开始畜养牛羊。环塔里木盆地沙漠戈壁的青铜时代墓地，保存有完好的羊毛纺织品，牛皮、羊皮及相关皮革制品，而且都是随葬品中的常见之物。牛羊的畜养是当时人们生活的重要来源。特别是罗布泊的小河人以及乳制品的制作，他们掌握着成熟和发达的羊毛纺织、牛羊皮革以及乳制品的制作技术。小河人穿着的腰衣、斗篷都为羊毛等织成，墓地内还发现大量用黄牛、羊、奶制品随葬和祭祀的现象。这说明，饲养牛羊家畜，在塔里

木柱上悬挂牛头 |

木——孔雀河三角洲地区，已经有了较长一段历史。甘青地区，公元前三千纪以后的极个别遗址中零星见有驯养羊的骨殖。据报道，甘肃天水师赵村遗址马家窑文化墓葬、青海民和核桃庄马家窑文化墓葬、甘肃武山傅家门马家窑文化遗址都有相关残骨出土。其后，牛羊遗存在西北河源区域发现得更多。重要的地点有：天水师赵村五期墓葬、甘肃广河的齐家坪遗址、甘肃永靖大何庄和秦魏家齐家文化墓葬、甘肃民乐东灰山四坝文化遗址、甘肃武威磨咀子遗址等。

中原地区一直未发现早于公元前2500年的绵羊骸骨。中原居民最早驯化了家猪族群，并普及开来。家猪一直是新石器时代

天山深处"夏羊"的艺术造型 |

以来，人类肉食的重要来源。到了公元前 2 千年前后，中原地区绵羊畜养突然异军突起。发现绵羊骨的重要遗存有：河南汤阴白营龙山文化遗址、山西夏县东下冯龙山文化遗址、河南禹州瓦店遗址等。进入二里头文化时期，中原家养牛羊慢慢得普遍起来。重要的遗址点有河南登封王城岗龙山文化晚期遗址、山东茌平教场铺遗址、河南郑州洛达庙遗址。特别是二里头时期的遗址层中，绵羊的数量明显增加。河南新密新砦遗址系统的动物考古学研究表明，这一遗址里龙山文化到二里头晚期的文化层中，绵羊的数量从早到晚也有一个明显增加的过程。与此同时，中原地区随着牛和绵羊的引入，猪在家畜中的绝对优势地位有所下降。二里头遗地一到四期，家养动物都以家畜为主，绵羊和黄牛从早到晚有一个增多的过程。

中国新石器时代的遗址中，常见用整个猪或猪的特定部分作为牺牲，进行各种祭典活动的考古发现。牛羊传入中原后，这一现象有所变化。在河南柘城山台寺遗址，发现将 9 头黄牛集中在一起埋葬的现象；河南平粮台遗址发现有单独埋牛的现象，郑州洛达庙遗址则发现几个兽坑，兽坑中分别埋葬了多头完整的牛和羊。这些考古发现表明，中原地区以猪祭祀的传统正在变化，牛羊为祭的文化传统正在形成。到了商周时代，中原地区的居民用羊祭祀的现象不断增多，日渐普遍。随青铜之路传入中原的羊是绵羊，这些绵羊又称夏羊。《尔雅·释畜》中说，"夏羊，牡羭，牝羖。"《本草纲目·兽·羊》也说，"生秦晋者为夏羊，头小身大而毛长，土人二岁而剪其毛，以为毡物，谓之绵羊。"牛羊从它们最早被驯化的地方，经中国西北进入中原，其路径和青铜之路完全吻合。只是它们是如何从西亚到了天山，还没有确定的线索足以为证。不过在阿尔泰山脉到天山山脉密切相关的游牧岩画中，广布流传的牛羊形象，让我们感到了牛羊迁徙脚印的存在。

东亚文明体中的西方来客

青铜之路万里之遥。它由西方出发，横穿中亚，绵延至中原腹地，汇流入中原文明起源的核心区域。青铜之路一路走来，道路坎坷、历史久远、区域辽阔，众群参与。这一影响东西方文明的巨大历史事件，竟被历史的尘埃深深地遮蔽了起来，随着欧亚东方考古的黄金时代的到来，才让我们揭开了数千年历史之谜的冰山一角。

青铜技术与器物，以及小麦、牛羊，还有双轮马车，相伴相随，自西向东，一路风风雨雨、一路传承创新，最后汇于中原腹地，被徘徊在文明大门之前的中原居民接受创新，成为中原文明突现的重要助推器。中原文明起源的核心区伊洛地区，有着中原深厚的传统文化积淀，它与欧亚西方文化，像两条不期而遇的大河，在这里汇流，并以此为导火索，孕育和爆发了一场更为深刻的革命，即文明的诞生。

西来文化中的青铜，在中原文明起源过程中扮演了重要角色，对此，我们前面已经有过陈述，这里我们说说小麦和牛羊。

先说小麦。小麦是一种高产的农作物。中原地区夏代或略早突然开始普遍种植小麦，不仅对当时的社会经济文化产生了巨大影响，随着粮食产量的增加，促进了人口增殖，进而引发了更深层的学术问题。小麦是需要灌溉的农作物，它的大面积种植需要公共管理系统对水源进行分配与调节。国际学术界曾站在水利资源分配的角度，探究过西亚两河流域以及埃及文明出现的动因。小麦的传入中原地区，不仅改变了中原传统以粟、黍类为主的农作物结构，而且很可能与小麦种植相关联的水利灌溉及水源管理知识体系也随之传入，对中原夏代文明机制完善亦有贡献。

再说牛羊。牛羊类动物传入中原内地之后，对中原早期文明发展所起的作用也不可低估。牛羊人工畜养传入中原内地后，大大改变了中原内地以猪肉为主的肉食结构，丰富了人类的营养，增强了人类的体质。除此以外，牛羊与当地传统的猪相比，有着难以比拟的优越性。从食物的角度观察，猪的食物与人类的食物有很大的同质性，即猪吃的食物，人类也可勉强下肚充饥。换句话说，猪与人类争食，是人类食物的竞争者。牛羊是食草动物，牛羊所食的野草大多人类无法直接作为食物食用。对于农业民族来讲，利用牛羊为中介，极大地拓宽了草类食物资源的开发。另外牛羊的毛、皮和乳产品，被动物人类学家称为牛羊的"利息"，作为牛羊的副产品，它的广泛利用，对社会发展的贡献亦不可低估。牛羊传入中原地区，很快融入到中原居民的精神文化建设层面。前面讲到，新石器时代中原居民主要用猪来祭祀，夏代以后逐渐用牛和羊为牺牲。商代甲骨文中多次提到的"太牢"和"少牢"这些祭祀活动中，广泛利用了牛和羊。外来的牛羊家畜突然加入到中原畜类阵营，它们对中原文明起源所起的作用尚未引起更多的重视，还需要更深一步去研究。

一个世界体系的诞生

以青铜技术和器物为显性表征，包括麦类农作物的种植、牛羊的驯养，构成了青铜之路的主要内容。

青铜之路上这些重要的显性因素，最早出现在西亚南部的绿洲区域，它们从这里出发，通过辽阔的北方草原，曲折迂回进入天山地区，继而自西向东进行梯级的传播运动。进入东亚以后，梯级的传播，再过河西走廊、涉甘青河源，一路向东，停靠的终点之地，是东方文明中心的伊洛盆地。青铜之路走了一万多公里，跨越了数千年的时空，将东西方世界两大文明中心串联了起来。东西向的青铜之路，绝非是单向机械的传播，一路上有许多迂回漩涡，这些漩涡，像是青铜之路上的驿站，青铜之路正是正是由这些驿站串联起来，它是一个名副其实的世界体系。

文明婴儿何以呱呱坠地

中国的历史通常被描述为一个封闭性极强、人口庞大、数千年多民族共建而漫长的连续存在。这举世无双的成就的取得，简单地依靠自身区域政治体系的演进很难完成。它更多的是根植于上古时期中原文化体系的不断重构和文明价值体系的再建。

中华文明形成的过程绵延复杂、漫长曲折。这期间经历了太多剧烈的波动。几千年来，社会矛盾从平稳到激化，政治观念从守旧到革新，社会制度从毁坏到再造，这些都是常数。特别是在文明起源的前夜，在伊洛的河谷地带，究竟发生了什么，最终导致夏文明一朝鼎定天下、东方文明婴儿呱呱坠地？历史文献能提供给我们的，仅是一个连汉代司马迁都难以全信的诸神系统。几十年来，特别是近些年来，中国考古学正处在黄金时代，人们可以有更多机会接触与文明起源相关的考古成果。文明起源研究的思想禁锢被层层打破，人们离文明起源的真相越来越近……

研究中国文明起源的学者很多，研究中所遇问题亦很多。其中至关重要的有：中国文明的大门什么时候被推开，它与世界其他文明体的区别何在，中原文明起源的动力是什么，多民族多文化何以在几千年连绵不绝的巨大文明体中维系在一起，绵延相续……这些问题不断由人类学家、考古学家和历史学家们提出，答案却一直模糊。

考古学发现揭示了这样的一个事实。从公元前第二个千年前开始，世界主要文明体的关键性因素，在古代的中国突然显现：城市中开始修建宫殿和神坛，系统的冶金术从天而降，五谷种植一朝齐全，家畜全面化多样化，制度化的社会阶层稳定了下来。最初形成的华夏文明，与世界其他已经成熟的主要文明体相比，之间的区别犹如鸿沟。作为文明标志的城市，在中国不是经济中心而是政治中心，亦即中国城市发展动力不是来自经济方面而是源自政治需求；西方的金属工具普遍用于农业生产，文字的使用是为促进经济贸易，特别是青铜工业，这一切的一切在中国的中原地区则相反呈现。东方直接将其引入到了政治领域：古代中国宫殿建筑、青铜冶金术等，通常是通过礼器与兵器的渠道直通政治舞台。这种区别缘何而出现？

中原文明深层结构再塑

中国早期文明起源的途径和动力研究，一直是中原文明起源研究中的关键，也是瓶颈。以传统的聚落考古为背景，在归纳为古文化——古国——方国——帝国的基础上，学术界又提出过政治领导与萨满教的结合，以及礼仪等级文明的动力说等等。青铜之路，引发了我们对这些重大问题的新思考。

东方式的萨满信仰结合礼仪基础的文明脚步，在东方如蜗牛一样步履蹒跚。一度发生过的红山和良渚文明，把萨满文明推到极致，导致走向畸形，朝夕毁灭。正是青铜之路，这一个开放的、世界体系的存在，才将近东文明中的重要部分、也是极为活跃的物质因素带到中原大地。相随而行的还有文明模式中具有潜在生命力的制度因素，以及对文明基础起稳定作用的精神文化因素，当然，后面的那些部分很难在考古发现中有显性再现，我们只是通过青铜技术与器物、权杖、麦类农作物的大田种植、牛羊满坡的迁徙故事，感觉到了它们的存在。它们在无声之中，潜入到了古老的东方。这些不期而至、前后浪潮般西来的人群和文化，打破了东方人群以家族世系为本、充满萨满特质的公共礼仪基础上的细碎缓行的文明脚步。青铜之路不断输入的物质能量和制度精神能量，成功地与中原当地深厚的传统融汇结合，逐渐形成了以社会化的萨满信仰、家族谱系为核心的等级礼仪制度，以及以这两个层面为内核，以世俗王权为外壳的文明体系。社会化的萨满与间接发挥统治力量的世俗王权，都是超越了传统家族谱系的公共建构。特别是世俗王权力量的形成，成功地协调了神与人的关系，这是此前东方世界所没有成功解决的问题，也是东方文明裹足不前的重要原因。萨满信仰、家族谱系、世俗王权三足鼎立，这样的文明结构体，具有相当的稳定性和自我修复功能。这正是东方文明历经数千年风浪，经过太多暗礁险滩，却并未沉船，反而绵延至今的要因所在。

结语

一个世界体系——青铜之路的开通，促进了史前东西方世界的互动。中国因而获取了更多的与外部技术、制度与精神层面广泛接触的机会。外部世界的这些因素进入中原后，通过改良和适应，融入了中原文明的起源过程。东方文明体的诞生，是在深厚的传统旋律与外来的曲谱合奏中完成的。整个合奏过程，也是世界文明史研究的重大课题。